CORDELIA EDVARDSON

Wenn keiner weiterweiß

Berichte von der Grenze

Aus dem Schwedischen von Sigrid Engeler

Deutscher Taschenbuch Verlag

Von Cordelia Edvardson ist im
Deutschen Taschenbuch Verlag erschienen:
Gebranntes Kind sucht das Feuer (dtv 11115)

**Ausführliche Informationen über
unsere Autoren und Bücher
finden Sie auf unserer Website
www.dtv.de**

Deutsche Erstausgabe
Januar 2010
Deutscher Taschenbuch Verlag GmbH & Co. KG, München
Lizenzausgabe mit freundlicher Genehmigung
des Carl Hanser Verlages

Titel der schwedischen Originalausgabe:
›Berättelser från gränsen‹ (Stockholm 2007)

Umschlagkonzept: Balk & Brumshagen
Umschlagfoto: Barbara Klemm
Satz: Caroline Schneiderbauer
Gesetzt aus der Minion 10/12,5'
Druck und Bindung: C. H. Beck, Nördlingen
Gedruckt auf säurefreiem, chlorfrei gebleichtem Papier
Printed in Germany · ISBN 978-3-423-34574-3

Dieses Buch ist meinen Kindern und Enkelkindern gewidmet

Die Welt strömt ein,
Ich atme sie zurück

Elisabeth Langgässer (1899–1950)

Inhalt

Vorwort

Die schwedische Originalausgabe dieses Buches trägt den Titel *Geschichten von der Grenze*. Das steht für sich, und sagt eigentlich schon alles, was ich hier zu sagen habe.

Ich bin eine Grenzgängerin. Das fängt schon bei der Sprache an: in Deutschland geboren, aufgewachsen mit den Märchen der Brüder Grimm, die Gedichte von Matthias Claudius und Goethe in Ohr, Herz und Sinn, waren mir alle anderen Sprachen fremd. Heute kann ich Deutsch zwar noch lesen und leidlich sprechen, schreiben aber kann ich es nicht mehr.

Die ersten Bücher von Heinrich Böll habe ich bereits in schwedischer Übersetzung gelesen. Das war wohl um 1950, zu dieser Zeit war die Grenze von der deutschen in die schwedische Sprache also schon überschritten. Und das von der ältesten Tochter von Elisabeth Langgässer! Der Dichterin und Hohen Priesterin, die berauscht und verzaubert der deutschen Sprache diente.

Gewiss, heute kann ich ahnen, dass mein sprachlicher ›Grenzübergang‹ nicht nur die Ablehnung der ›Auschwitzsprache‹ war. Dort wurde das kleine, deutsche, sehr katholische Mädchen Cordelia Maria zur ›Judensau‹ und zur ›Mistbiene‹ (Letzteres war wohl die sprachliche Neuschöpfung einer der SS-Wächterinnen). Mag sein, dass meine plötzliche Abwendung von der deutschen Sprache, meiner Muttersprache, auch Ausdruck einer stillen, nie ausgesprochenen Ablehnung der Mutter war. Aber das steht auf einem anderen Blatt.

Nicht nur die Sprache ist eine Grenze, auch Länder definieren ihre Grenzen, und damit das Gebiet einer bestimmten Staatsangehörigkeit. Mir, so wie allen anderen deutschen Juden, wurde die deutsche Mitbürgerschaft aberkannt. Im Mai 1945, als ich, mehr tot als lebendig, nach Schweden kam, war ich demnach staatenlos. Erst als ich wenige Jahre später einen schwedischen Mann heiratete, wurde ich auch auf dem Papier zur schwedischen Staatsbürgerin. Damit wurde der Grenzübertritt zwischen Deutschland und Schweden auch amtlich bestätigt. In Wirklichkeit hatte ich ihn schon lange vollzogen. Nicht nur war mein damaliger Mann ein ausgezeichneter Kenner der schwedischen Literatur, die er mir natürlich sofort in die Hand drückte, in Schweden erfuhr ich auch zum ersten Mal, was Freiheit, Demokratie, Solidarität und Gleichberechtigung bedeuten.

Es dauerte jedoch nicht lange, bis ich wieder vor einem Grenzpfahl stand. Als ich nach Schweden kam, waren Kirche und Staat noch nicht getrennt, man gehörte also automatisch der schwedischen Kirche an, soweit man sich nicht zu einer anderen Glaubensgemeinschaft bekannte. Schlicht Agnostiker oder gar Atheist zu sein ging nicht. Ich wurde als Katholikin registriert. Etwas anderes fiel mir auch gar nicht ein. Nach einigen Jahren wurde mir jedoch klar, dass man sowohl loyale Staatsbürgerin einer Nation sein kann als auch Mitglied eines anderen Volkes, in meinem Fall des jüdischen. Ja, ich war und bin froh und dankbar, schwedische Staatsangehörige zu sein, aber gleichzeitig war und bin ich auch ein Glied in der Kette und Geschichte des jüdischen (nicht des israelischen) Volkes. Gewiss, es war Nazi-Deutschland gewesen, das mich zur Jüdin erklärt hatte, aber nun war es meine eigene Entscheidung, mich zum jüdischen Volk (nicht der Religion) zu bekennen. Gerade als Überlebende war es meine Pflicht, auch diese Grenze zu überschreiten.

Und was war mit Israel? Für Israel interessierte ich mich damals offen gesagt nicht sonderlich, und ich hatte auch nie die Absicht, dorthin zu übersiedeln. Nach Israels überraschendem Sieg 1967, im Sechstagekrieg, schien der Staat nichts mehr zu fürchten zu haben. Aber dann kam der arabische Überfall 1973. Israel kämpfte um sein Überleben. Dies konnten (oder wollten?) die meisten meiner Kollegen, nicht nur die aus Schweden, nicht begreifen. Ich war von einer schwedischen Zeitung als Berichterstatterin nach Israel geschickt worden. Nach der täglichen Fahrt an die Front, oder jedenfalls so nah wie möglich, hockten wir in der Hotelbar in Tel Aviv. Dort hörte ich Aussprüche wie: »Gar nicht so falsch, wenn die hochnäsigen Israelis mal eins aufs Dach bekommen. Die Bäume sollen ja nicht in den Himmel wachsen.« Oder auch: »Hast du dir mal überlegt, warum die Juden (die Juden, sagte er, nicht die Israelis) durch die Jahrtausende immer gehasst und verachtet wurden? Kein Rauch ohne Feuer.« Konnte es am Ende sein, dass sich unter diesem Gerede etwas ganz anderes verbarg? Mit spöttischem Lachen verkündet ein anderer Kollege: »Ja, jetzt können die da sitzen und ihr koscheres Fleisch essen – jetzt geht's ihnen an den Kragen.« Keiner fragte, was die jüdischen Speisegesetze mit dem israelisch-palästinensischen Konflikt und dem israelisch-arabischen Krieg zu tun haben sollten. Auch ich nicht. Wenn man aber so denkt wie diese Kollegen, und einige arbeiteten für angesehene Zeitungen, dann färbt das natürlich auf die Berichterstattung ab.

Ich fuhr zurück nach Schweden und packte meine Koffer. Noch einmal wurde ich zur Grenzgängerin. Israelische Staatsbürgerin wurde ich allerdings nicht. Denn als schwedische Korrespondentin war es mir sehr wichtig, alle Grenzübergänge offen zu halten. Nicht nur die ›grüne Linie‹ zwischen Israel und dem Westjordanland, die ja nie eine Grenze, sondern vielmehr eine Waffenstillstandslinie war. Ich wollte auch die Möglichkeit haben, Ägypten und Jordanien (vor dem Friedensvertrag) wie auch Syrien und den Libanon zu besuchen. Am wichtigsten waren mir natürlich die Treffen und Gespräche mit den Palästinensern in den besetzten Gebieten, die das Territorium eines selbstständigen, unabhängigen palästinensischen Staates werden sollten. ›Zwei Staaten für zwei Völker – beide mit sicheren und anerkannten Grenzen!‹ Das ist der Wahlspruch und das Credo der israelischen Friedensbewegung. Die meisten Palästinenser, von der Hamas abgesehen, stimmen diesem Ziel zu. Für die Hamas sowie für die Fanatiker unter den nationalreligiösen israelischen Siedlern im Westjordanland ist ›Kompromiss‹ ein verpöntes Wort. Ich habe von beiden Seiten immer wieder wortwörtlich dasselbe Argument gehört: »Das Land zwischen Mittelmeer und Jordan ist uns von Gott/Allah gegeben, und niemand, weder ein palästinensischer noch ein israelischer Führer, hat das Recht, auch nur einen Zentimeter dieses Landes aufzugeben.«

Es ist meine Hoffnung, in diesem Buch die menschlichen, mehr noch als die politischen Hintergründe dieser Situation freilegen zu können.

Cordelia Edvardson
September 2009

Ich erinnere mich an sie
wir flohen aus unserem Dorf
die Olivenbäume
die Apfelsinenhaine
weit hinter uns schon
da entdeckte sie plötzlich
einen Teppich hielt sie im Arm
anstatt des jüngsten Kinds.
Sie hatte fehlgegriffen.

Ich werde sie niemals vergessen
es war während der Feuerstürme
in Hamburg
sie kam in den Schutzraum gestürzt
ein Kissen fest an die Brust gedrückt
doch ihr Baby war hinausgeglitten
unterwegs.
Mehr als einen brauchte es
sie im Keller zu halten.

Niemand erinnert sich ihrer
und des Kindes an ihrem nackten Körper
keiner ist geblieben zu erzählen, zu bezeugen
ihre letzten erstickenden Atemzüge
aber Mutter und Kind sind unter uns
wie der Rauch in der Luft, die wir atmen.

I

1979

... und der Traum bekam ein Gesicht

Du,
ja du. Ich weiß nicht einmal, wie du heißt. Dennoch weiß ich alles, was für dich und dein Schicksal entscheidend war: Du warst jüdisch geboren, du warst eine Frau, du starbst in Auschwitz. Ich habe Grund zu der Annahme, dass du jung warst und noch kinderlos.

(Natürlich kann es sein, dass du ein Kind auf dem Arm oder an der Hand hattest, als du aus dem Güterwaggon ausgeladen wurdest. Du sahst den Rauch, der aus dem Schornstein auf dem roten Ziegelgebäude am Ende der Straße aufstieg. Und du überließest dein Kind irgendeiner alten Frau im Transport – und gingst selbst durch das Tor mit dieser ironischen Devise »Arbeit macht frei«.

Aber ich glaube nicht, dass es so war. Zu der Zeit, Anfang der vierziger Jahre, wusste es fast niemand, und die menschliche Phantasie hat Grenzen. Der Rauch kam wohl aus einer Fabrik, dachtest du. Und das tat er ja auch – auf seine Weise. Und selbst wenn du es gewusst hättest, dann hättest du doch dein Kind auf dem letzten Stück Weg begleitet. Fast alle Mütter taten das.)

Du musst jung gewesen sein, um vor Dr. Mengeles Blick Gnade gefunden zu haben (o ja, seinen Namen kenne ich). Mit einer blasierten Geste schickte er dich nach links, durch das Tor. Jemand packte deinen linken Arm und tätowierte die Nummer darauf: 37 09. Das Vieh muss ein Brandzeichen erhalten. Ich kam einige Jahre nach dir an. Da hatten Millionen von Menschen das Tor passiert, und die Nummern waren so lang, dass der menschliche Arm nicht mehr ausreichte – und man hatte es ja eilig. »Schnell, schnell, los, fertigmachen ...!« Deshalb fing man von vorne an, aber mit einem A vor der Nummer. Meine Nummer ist A 37 09.

Aber woher weiß ich denn, dass du tot bist?

Nun, durch einen merkwürdigen Zufall entdeckte ich in der Schreibstube des Lagers das »Todesbuch«, das, zumindest anfangs, mit der bekannten Ordnungsliebe geführt wurde. Das war im Frauenlager, Auschwitz-Birkenau, und folglich warst du eine Frau, und hinter deiner Nummer, wie hinter fast allen, stand ein Kreuz. Dort war auch ein Dreieck, dessen Farbe anzeigte, dass du Jüdin warst. (Die politischen Gefangenen, die sogenannten Asozialen und die Zeugen Jehovas hatten andere Farben.) Das Kreuz war entweder rot oder schwarz. Rotes Kreuz für den Tod durch Gas, schwarzes für den sogenannten »natürlichen Tod«, oder war es anders herum? Ich erinnere mich nicht mehr. Ich erinnere mich auch nicht daran, ob dein Kreuz rot oder schwarz war, ob du durch Seuche, Misshandlung, Verhungern oder Gas starbst. Vermutlich durch alles zusammen – mit dem Tod durch Gas als dem »barmherzigen Befreier«, wie es manchmal heißt.

Ich überlebte. Nein, ich lebte nicht, ich überlebte. Gewiss zeigte ich alle Anzeichen und Gebärden des Lebens, mehr als die meisten anderen, ich musste doch mich und die Welt überzeugen, dass ich wirklich lebte. Aber ich war dir treu, meine Schwester. Zwischen Knochen und Asche suchte ich nach deinem und meinem Leben – oder unserem Tod. Mehr als zehn Jahre später schrieb ich (unter Pseudonym) mein erstes Buch, und dort gibt es ein – im Übrigen ziemlich schlechtes –

Gedicht für dich. Von A 37 09 an 37 09 heißt es. Und als ich etwa zur gleichen Zeit zum ersten Mal die Gelegenheit bekam, einen sogenannten Kulturartikel zu schreiben, erschien der in einer Serie, die »Ewige Gefährten« hieß.

Ich beschloss, über François Mauriacs ›Thérèse‹ zu schreiben, insbesondere über den zweiten Teil des Romans, der »Das Ende der Nacht« heißt. Wenn ich heute, fast zwanzig Jahre später, diesen Artikel wieder lese, erschüttern mich meine eigene Verzweiflung und meine eigene Sehnsucht danach, dass die Nacht ein Ende haben möge. Dass das Leben ein Ende haben möge. Denn jenseits des Lebens, jenseits des Todes, jenseits aller unserer Angst und Schuld müsste das Licht sein. Mit meiner katholischen Erziehung (ja, die habe ich genossen, und wenn ich sie auch weit hinter mir gelassen habe, so habe ich ihr doch viel zu verdanken), mit dieser Erziehung also stimmte ich Mauriacs Motto vollständig zu: »Bedenke, oh Gott, dass wir uns selbst nicht kennen, dass wir nicht wissen, was wir wollen, und dass wir uns unendlich weit von dem entfernen, wonach wir uns sehnen.«

Wir leben also im Finstern, und Mauriac zufolge sollten wir nichts weiter begehren, als uns im Finstern nicht zurecht zu finden, nicht zur Ruhe zu begeben. Sondern, mit anderen Worten, nicht aufhören zu verzweifeln, besonders nicht über unseren Mangel an Verzweiflung. Im selben Artikel polemisiere ich gegen den Juden Franz Kafka, der schrieb: »Verzweifle nicht, verzweifle doch nicht – auch nicht darüber, dass man nicht verzweifelt.« Aber welche Verzweiflung würde für das Feuer des Bösen (das ist buchstäblich gemeint) ausreichen, das uns, dich und mich, meine Schwester, blendete? Wer den Anblick überlebte, war dazu verurteilt, in einer traumgleichen Schattenwelt zu leben, geblendet, blind.

»Mit einem solchen Wissen, gibt es da Versöhnung?« T. S. Eliot, noch ein Katholik, stellt diese Frage. Die christliche Antwort auf diese Frage sollte der Jubel der Osternacht sein, der unsere Schuld im Jubel der Auferstehung als »glückliche Schuld« preist, *felix culpa*. Und allein eine über alle Maßen große Schuld sollte ein solches Erlösen beanspruchen. Andernfalls wäre das Passionsdrama sozusagen überflüssig. Wir und unsere Schuld starben mit Ihm, und wir sind bereits auferstanden in Ihm. Wir leben!

Tun wir das? Du und ich? Wenn ich ehrlich sein will, was ich nicht einmal wollte, wozu mich aber eine feste und liebevolle Hand allmählich zwang, dann müsste ich antworten: NEIN. Und außerdem: Wenn Auschwitz, Hiroshima, alle Folterkammern der Welt, wenn der Tod, dieser Tod der notwendige Preis der Auferstehung sein soll – ja, dann ziehe ich es vor, tot zu sein. Oder lass mich mit einem Zitat von Dostojewski antworten, das etwa so geht: Wenn die Eintrittskarte in den Himmel und die ewige Harmonie das Weinen eines einzigen gequälten Kindes sein soll, bitte ich darum, sie zurückgeben zu dürfen.

Der Skeptiker Iwan sagt das, als er Zeuge wird, wie ein Gutsbesitzer seine Hunde ein Kind hetzen und es in Stücke reißen lässt – alles im Angesicht der Mutter. Iwan meint auch, dass die Mutter dem, der ihrem Kind solche Qual zufügt, weder verzeihen müsse noch dürfe. Sie kann ihren eigenen Schmerz verzeihen, aber sie hat kein Recht, im Namen ihres Kindes zu vergeben. Aber wenn Verzeihung und Versöhnung die Eintrittskarte in das Himmelreich sind, dann: nein danke.

Mit einem solchen Wissen gibt es keine Versöhnung. Nicht für uns. Der Weg der Mystik ist nicht für uns, meine Schwester. Das käme mir, mit Verlaub, zu einfach vor. Und das Christentum ist letztendlich eine Mysterienreligion. Das sage ich ohne zu werten. Natürlich.

Gibt es denn einen anderen Weg zurück ins Leben? Denn ich will leben! Ohne dich zu verlassen, meine Schwester. Im Gegenteil, ich will, dass du, durch mich, ein Teil des Lebens sein sollst, nicht nur der Schatten einer Überlebenden.

Ich brauchte dafür mehr als dreißig Jahre, aber vielleicht wage ich heute zu sagen: Ja, es gibt einen Weg für uns. Das ist der Weg der VERNUNFT. Ach, sagt der Leser jetzt enttäuscht, wie armselig, wie schäbig, wir haben doch nicht die Vernunft gesucht, sondern eine neue Geistigkeit. Ja, antworte ich, aber die Vernunft ist vielleicht geistiger als ihr glaubt. Und die Kraft der Vernunft ist auch nicht zu unterschätzen. Wie Papa Freud es ausdrückte: »Die Stimme der Vernunft ist zwar leise, aber durchdringend.«

Wenn man hinhören will, müsste man vielleicht ergänzen.

Aber war denn nicht die Vernunft die Ursache all des Elends? Der Sündenfall, die Erbsünde, die Vertreibung aus dem Paradies? Hat nicht die Frucht vom Baum der Erkenntnis Adam und Eva und allen folgenden Geschlechtern das Leben vergiftet? Hat nicht die Frucht vom Baum der Erkenntnis den Menschen die Schuld und der Schöpfung das Böse und den Tod gebracht?

Nein, vielleicht nicht wirklich. Denn das Böse war vor dem Sündenfall da, nur: dass die Menschen zwischen Gut und Böse zu unterscheiden vermögen, das ist eine Folge des Sündenfalls. Das dürfte aus der Geschichte klar und deutlich hervorgehen. Und zieht man daraus die Konsequenz, dann würden sich die Menschen im Garten Eden, genau wie die Tiere, bei Bedarf getötet und aufgegessen haben – in aller Unschuld. Aber nachdem der Mensch im Besitz einer Art Geistigkeit sein soll, wurde er doch als Ebenbild Gottes geschaffen, dann müsste er sich schon vor dem Sündenfall der Existenz des Bösen bewusst gewesen sein. Das Böse gab es ja, das war offenkundig ein Teil der Schöpfung, aber es hatte kein Gesicht.

Und dieses gesichtslose Böse, das erschreckt am allermeisten – meiner nicht geringen Erfahrung auf diesem Gebiet zufolge. Diesem Bösen ist der Mensch schutzlos und hilflos ausgeliefert, mit dieser Angst kann er nicht umgehen, sie hat ja kein Gesicht. Möglich, dass sich die Menschen der Schöpfungsgeschichte in einem Schlaf- und Traumzustand jenseits von Gut und Böse befanden, aber den Schlaf müssen die entsetzlichen Alpträume des gesichtslosen Bösen gestört haben. Da ist es kein Wunder, dass sie aufwachen wollten – und sehen! Aber um das zu tun, mussten sie vom Baum der Erkenntnis essen, und da öffneten sich ihre Augen und sie sahen, was gut und was böse war. Das war zweifellos ein unsanftes Erwachen, aber die Geburt ist ja auch kein schmerzfreier Prozess.

Und das war das erste Mal, dass Adam und Eva als Menschen geboren wurden.

Sie erwachten und sie sahen – das Gesicht des Bösen, das Gesicht des Todes, ja – aber auch das Gesicht des Guten, das Gesicht des Lebens. Diese Zwei sind ja unauflöslich miteinander verbunden. Jetzt konnten sie auch wählen. In ihrem früheren, gewiss unschuldigen, aber meiner Meinung nach höchst ungeistigen Zustand wussten sie nichts vom Unterschied zwischen gut und böse. Insofern konnten sie nicht wählen. Und erst viel später befahl ihnen Gott: »Wählt das Leben!« Aber wie kann einer ohne Erkenntnis und Wissen wählen? Er wählt nicht, er wird heimgesucht!

Und jetzt muss ich wieder die Zeit wechseln, zurückgehen. Zurück in eine Frühlingsnacht, Anfang der vierziger Jahre in Berlin. Und ich sehe. Ich sehe ein kleines Mädchen in einem Bett mit Jugendstilverzierungen. Sie ist nicht bei ihrer Familie, gemäß den Rassegesetzen ist sie nämlich jüdischer Herkunft, als einzige in der Familie. Deshalb hat man sie bei einer jüdischen Frau einquartiert, die auf jeden Fall zu den Verurteilten gehört. Die auf jeden Fall den Judenstern tragen und ihn an der Tür zu ihrer Wohnung in einem großen Mietshaus befestigen muss. Und diese Nacht ist die Nacht des Gerichts.

Das Mädchen wacht von Schreien und Lärmen auf. Sie und die Frau, bei der sie wohnt, sind schreckensstarr, aber nie kämen sie auf den Gedanken, in dem pechschwarzen Raum Licht anzumachen. Die schwarzen Rollos sind, wie es der Luftschutz verlangt, ordentlich heruntergelassen. »Raus, raus, schneller, fertigmachen ...« Befehle, Schläge, Schreie, Türklingeln, Koffer und Menschen, die mit Tritten die Treppe hinunterbefördert werden. Und gleich, jeden Moment wird es an ihrer Tür klingeln. Aber so lange liegen sie totenstill. Das Mädchen betet ihre Kindergebete zur Jungfrau-Mutter, oder vielleicht zu ihrer Mutter? »Maria breit' den Mantel aus, mach uns ein Schutz und Schirm daraus.«

Und mit einem Mal wird es still. Ganz still. Es ist vorbei. Die Henker haben ihre Wohnung übersprungen. Ein Wunder, dachte das Mädchen. Die Mutter war ihr zu Hilfe gekommen. Hatte sie gerettet. So vergingen einige Monate, und dann wurde das Mädchen doch gefunden, natürlich. Sie wurde aufgegriffen und verschleppt, wurde auf die Nummer A 37 09 reduziert. Dann, als Überlebende, sucht sie über all die Jahre hin der gleiche, immer wiederkehrende Alptraum heim: Sie liegt in ihrem Bett und schläft, da hört sie, wie jemand versucht, in die Wohnung einzudringen, sie tastet nach dem Lichtschalter, sie findet ihn, aber das Licht geht nicht an!

Sie kann nichts sehen! Das Böse hat kein Gesicht. Noch Stunden später hält die Angst sie in ihrem Würgegriff. Nie träumt sie vom Lager, von den Selektionen, von den Henkern. Und die erwachsene Frau lernte nie richtig zu unterscheiden zwischen denen, die ihr Gutes wollen und denen, die ihr Böses wollen. Sie war dem Gutdünken »der Mächte« ausgeliefert. Aber dann geschah etwas. Jemand nahm sie an der Hand und führte sie zum Baum der Erkenntnis. Jemand sprach zu ihr mit der Stimme der Vernunft.

Mehrere Jahre lang. Und die Stimme der Vernunft war nicht

immer sehr leise – sie musste ja so viel Angst übertönen. Aber die Frucht pflücken und davon essen – das musste sie selbst tun. Und das war gar nicht leicht. Aus vielerlei Gründen. Wer vom Baum der Erkenntnis gegessen hat, weiß nicht nur zwischen Gut und Böse zu unterscheiden, der muss auch wählen, und er ist für seine Wahl verantwortlich. Wer das getan hat, muss seine eigene Schuld bekennen. Der ist nicht länger hilfloses Opfer, sondern auch Henker. Mit anderen Worten: der wird zum Menschen.

Nun, nach und nach glückte es der Stimme der Vernunft, zu ihr durchzudringen. Und die erwachsene Frau pflückte die Frucht und aß davon. Und sie sah! Das Böse bekam ein Gesicht, bekam viele Gesichter. Sie sah die, die ihr Böses angetan hatten, und warum. Sie sah den Zusammenhang, und sie ertrug den Anblick ihrer eigenen Schuld.

Nicht so, dass sich Auschwitz jemals ganz in politischen, ökonomischen, sozialen und psychologischen Begriffen wird »erklären« lassen – es wird wohl immer einen Bereich geben, wo die Vernunft keinen Einfluss mehr geltend machen kann. Aber so lange man Auschwitz und anderes dieser Art als unerklärliche Auswirkung »des Bösen« in der Schöpfung ansieht, so lange ist man wehrlos und entmündigt.

Dann wird Auschwitz sich immer aufs Neue wiederholen. Die Mächte und das gesichtslose Böse werden das Kommando übernehmen und man selbst wird eine der Überlebenden. Aber man lebt nicht. Und was vielleicht noch schlimmer ist: damit macht man auch »das Gute« zu einer abstrakten Größe, dem menschlichen Willen und menschlicher Kontrolle nachdrücklich entzogen. Ungefähr wie die Gnade – sie widerfährt einem oder sie widerfährt einem nicht – aber darauf hat man keinen Einfluss.

Das heißt keineswegs, dass ich die Gebete meiner Kindheit zur Schutzmantelmadonna leugne. Aber es heißt auch, dass dieses abstrakte Symbol des Guten ein Gesicht bekommen hat. Es trägt die Züge all jener, die in der Wirklichkeit einen schützenden und bergenden Mantel über die Verfolgten gebreitet haben. Die Züge derer, die das Leben wählten, das Recht der anderen auf Leben, und die das oft mit dem eigenen Leben bezahlen mussten.

Ja, meine Schwester, ich glaube, ich habe für uns einen Weg und ein Leben gefunden. Und das Eigentümliche daran ist, dass mich dieser Weg zurück zu unserem gemeinsamen Ursprung führte, dem Judentum. Es hat mich in das Land gebracht, in dem wir als Volk und Nation geboren wurden: Israel. Und in die Stadt, von der wir jedes Jahr beim Passahfest (Ostern) sagten: »Nächstes Jahr in Jerusalem«.

Weder kann noch will ich mich auf theologische Deutungen einlassen. Eines wird mir jedoch klar: Wenn das Judentum als Religion überlebt hat, und wenn das jüdische Volk zweitausend Jahre Versprengtsein und Verfolgung als Volk überlebt hat, dann deshalb, weil die Stimme der Vernunft nie verstummt ist. Das Judentum ist keine Mysterienreligion, auch wenn es natürlich mystische Strömungen gab und gibt. Ihr Ursprung jedoch muss im Baum der Erkenntnis gesucht werden. Im Wissen darum, was gut ist und was böse – und in der Verpflichtung, zu wählen.

Was ist damals geschehen, als ein primitives Nomadenvolk einen Pakt mit dem einen, dem unsichtbaren Gott schloss? Das Volk wurde mündig und schloss einen Pakt mit dem eigenen Gewissen. Die Menschen hörten auf, die Schöpfung als Tummelplatz der Willkür guter oder böser Mächte zu betrachten. Mächte, die man dann und wann mit Menschenopfern besänftigen muss. Gut oder Böse verlieh nicht länger der Sonne, einem Stein, einem Baum oder einer launischen Göttin ein »Gesicht«. Das Gute und das Böse bekamen ein menschliches Gesicht. Mein Gesicht. Und deines.

Diese Sichtweise machte unter anderem Menschenopfer unmöglich. Man kann einen Menschen opfern, um eine unsichtbare Gottheit zu erweichen, deren Stärke in einem Stein, einem Baum oder irgendwo über den Wolken liegt, oder auch, um ihr gehorsam zu sein. Aber wenn man weiß, dass man selbst oder seinesgleichen den Schlüssel zu dem, was böse und was gut ist, in der eigenen Hand hält und dass es in der eigenen Verantwortung liegt, welche Wahl man trifft – dann wird der Gedanke an Menschenopfer absurd.

Das Judentum verwirft den Menschen und das Leben nicht, noch verherrlicht es sie. Es hält sie heilig. Um Leben zu retten, kann fast jedes Gebot, selbst das, den Sabbat zu heiligen, gebrochen werden. Aber das Judentum macht sich auch keine Illusionen über die Menschen, die Welt und das Leben. Mit seiner Geschichte würde das auch etwas schwerfallen. Juden wissen alles, was es über die Grausamkeit des Lebens zu wissen gibt, über Erniedrigung und das Böse – und doch ist ihnen nichts kostbarer als dieses Leben.

Der Pogrom überfiel das kleine jüdische Dorf, aber kaum waren die Kosaken abgezogen und das Donnern der Hufe ihrer Pferde verklungen, krochen die Überlebenden hervor, kehrten die Scherben zusammen, begruben ihre Toten und trafen die Vorbereitungen für die feierliche Sabbatmahlzeit am Freitagabend.

Wieder einmal sollte der Jude König sein, ein königlicher Bräutigam, der seine Braut, Königin Sabbat begrüßte. Jeder Jude, wie arm er auch war, sollte, und sei es mit Hilfe der Gemeinde, ein weißes Tuch auf den Tisch legen können und jede jüdische Frau sollte eine Festmahlzeit zubereiten und die Sabbatskerze anzünden können. Und jeder Jude sollte an einem Tag der Woche frei sein von den täglichen Mühen und seine Seele sättigen, entweder durch eigenes Studium der Schriften oder indem er den Auslegungen anderer zuhörte. Mit anderen

Worten: jeder Jude sollte zumindest an einem Tag der Woche das Licht des ›Guten Lebens‹ sehen.

Auf dass er vermochte, auch weiter das Leben zu wählen – und nicht den Tod.

Es war so unendlich wichtig, dass Juden damit fortfuhren, dieses Leben zu verteidigen, hier und jetzt, denn es galt nicht nur ihr Leben, sondern das Leben des Volks. Dieses einzige »ewige Leben«, das es gibt – und die Ewigkeit war in seine Hände gelegt. (Natürlich gibt es im Judentum den Gedanken eines jenseitigen ewigen Lebens. Aber nach Ansicht vieler Gelehrter ist dies kein Dogma. Man kann daran glauben oder es sein lassen.) Wenn man manchmal junge Menschen sagen hört, dass sie aus Angst vor der Atombombe, vor Krieg oder anderen Katastrophen keine Kinder haben wollen, so ist dieser Gedanke so unjüdisch wie nur möglich.

Im Gegenteil: Die Juden, die nach der großen Sintflut an die damaligen Strände Palästinas gespült wurden – wenn nicht die Engländer sie entdeckten und zurück in neue Lager schickten, dieses Mal auf Zypern – wenn sie also die Gelegenheit für ein neues Leben erhielten, dann gründeten sie schnell Familien. Und insbesondere wenn sie aus Osteuropa kamen, wo man immer sehr viel von Armut und Hungersnot gewusst hat, eröffneten sie oftmals irgendeinen kleinen Kiosk, aus dem sich hoffentlich ein kleiner Laden entwickelte – ein Lebensmittelgeschäft.

Sie warteten also nicht darauf, dass die Nacht zu Ende gehen und der Messias kommen würde.

Natürlich kennt das Judentum eine Sehnsucht nach dem Messias und das Warten auf ihn, aber auf sachliche Weise. Wenn man unbedingt etwas tun müsste und es nicht länger aufschieben sollte, gibt es in der Alltagssprache zum Beispiel folgenden Ausdruck: »Du hast doch wohl nicht die Absicht, damit zu warten, bis der Messias kommt?« Nein, meine Schwester, in dieser

Welt sind wir für uns selbst und für einander Opfer, Henker und Erlösung in einem. Kann dieser Umstand den Anspruch erheben, »neue Geistigkeit« genannt zu werden?

Auf einen kleinen Vorbehalt kann ich insgeheim doch nicht verzichten: Falls und wenn der Messias kommt, dann braucht er doch einen Ort, an den er kommt, oder? Einen kleinen Lebensmittelladen, um für den Sabbat das weiße Brot zu kaufen (ist er arm, bekommt er es sicher umsonst, die Frau ist nett). Es muss einen festlich gedeckten Sabbattisch geben, an den man ihn einladen kann – mit vielen Kindern rings um den Tisch. Denn Kinder soll er ja mögen. Wir, die wir vom Baum der Erkenntnis gegessen und gelernt haben, was gut und was böse ist – und das Leben gewählt haben – wir müssen da sein.

Und du, meine Schwester, wirst zwischen uns sein. Wir sind ein Volk mit einem guten Gedächtnis. An einem bestimmten Tag im Jahr heulen in ganz Israel die Sirenen. Jeglicher Verkehr steht still, die Menschen auf den Straßen bleiben stehen, die Schüler in allen Schulen des Landes stehen auf – und wir erinnern uns. Wir erinnern uns an dich und an alle, die dein Schicksal teilten. Alle, die es von Angesicht zu Angesicht sahen – das Gesicht des Bösen. Das ist alles, was wir für euch tun können. Aber das ist viel. »Bedenke, mein Freund, dass wir danach streben müssen, uns selbst kennenzulernen, dass wir ermitteln müssen, was wir wollen und dass wir auf diese Weise dem Ziel unserer Sehnsucht näher kommen.« Das heißt: sehen und sehend bleiben wollen, trotz allem, nur allein auf diese Weise überwinden wir den Tod. Deinen Tod, meine Schwester – und meinen.

1979

II

Die Angst deines Feindes

Der Handschlag vor dem Weißen Haus

Ich erinnere mich an das Schauspiel im Jahr 1993 auf dem Rasen vor dem Weißen Haus. Ein überglücklicher Präsident Clinton schob den damaligen israelischen Premierminister Yitzhak Rabin und den Anführer der Palästinenser, Jassir Arafat, in der allgemeinen Erwartung eines Handschlags behutsam aufeinander zu.

Rabin schien sagen zu wollen: »Hierzu hat man mich genötigt und gezwungen«, aber er reichte dem früheren Todfeind dennoch die Hand. Und dann flüsterte er, nicht ohne Schadenfreude, Schimon Peres zu: »Jetzt bist du an der Reihe.« Peres' Handschlag zeugte von sehr viel mehr Herzlichkeit und Hoffnung auf die Zukunft.

Und in der Geschichte wurde ein Blatt gewendet. Jedenfalls glaubten wir alle das, die wir vor Ort oder vor den Fernsehschirmen dieser Welt Zeugen des Geschehens wurden.

Ich erinnere mich auch an den Jubel, als zunächst der Gazastreifen und später im Westjordanland eine Stadt nach der anderen an die PA übergeben wurde, die palästinensische Selbstverwaltung. Die bisher von der israelischen Besatzungsmacht streng verbotene palästinensische Flagge wehte vor jedem Haus, von jedem Baum und Pfahl. Die Bevölkerung konnte sich kaum satt sehen an den palästinensischen Polizisten, die jetzt die israelischen Soldaten ersetzten.

Alte und Junge zogen andächtig durch die von den Israelis geräumten Militär- und Verwaltungsgebäude, die zeitweilig auch als Gefängnisse für aufsässige Palästinenser gedient hatten. Jetzt wurden sie zu nationalen Heiligtümern.

»Hier, das ist die Zelle, in der ich saß, und hier hat mich der Shabak (Sicherheitsdienst) gefoltert!«, bedeuteten Jungen und junge Männer ihren bewundernden Müttern und Ehefrauen. Aus allen Lautsprechern strömte die palästinensische Nationalhymne: Biladi, biladi, mein Land, mein Land.

Wiederum hatte sich in der Geschichte ein Blatt gewendet. Glaubten wir.

Nicht nur uns ausländische Journalisten und überzeugte Anhänger der israelischen Linken, die seit Jahren für ein Ende der Besatzung gekämpft hatten, riss der palästinensische Freudentaumel und Freiheitsrausch mit. In der israelischen Politik entdeckten auch die meisten der Mitte Zuzurechnenden, dass die Freiheit der Palästinenser auch ihre Freiheit war. Dass in gewisser Hinsicht der Gefangenenwärter mit dem Gefangenen die Unfreiheit teilt.

Vor allem veränderte sich für die meisten das Bild, das sie von den Palästinensern hatten. Man betrachtete sie nicht mehr als »in eine Flasche eingesperrte Kakerlaken«, wie es ein ehemaliger israelischer Oberbefehlshaber einmal ausgedrückt hatte, sondern wie Männer und Frauen, die ihr Recht auf ein Leben in Freiheit und Würde einforderten. Wie ein Volk, das einen rechtmäßigen Anspruch auf nationale Unabhängigkeit in einem eigenen Staat hat, und dessen große Mehrheit bereit war, den Juden dasselbe zuzuerkennen: das Recht, innerhalb anerkannter und sicherer Grenzen zu leben, wie es in der Resolution 242 des Sicherheitsrates der Vereinten Nationen heißt.

Eben diese gegenseitige Anerkennung sollte der Grundstein der neueren Geschichtsschreibung sein. Heute, acht Jahre später, hat sich das Bild vollkommen geändert. Aus Hoffnung ist

Verzweiflung geworden, aus gegenseitigem Vertrauen Misstrauen und Hass, die ausgestreckte Hand wurde zu einer Faust, und alle im Rahmen der Oslo-Verträge so sorgsam errichteten Brücken sind abgebrochen. Ich habe nicht vor, hier Bilanz zu ziehen, darüber, wer was getan hat und an wem es liegt, dass es so geworden ist, wie es jetzt ist.

Doch lassen sich einige Meilensteine auf dem Weg in die Katastrophe aufzeigen: Ein jüdischer Rechtsextremist ermordete Yitzhak Rabin. Schimon Peres verlor die Wahl an den politischen Falken Benjamin Netanjahu. Der alte Kämpe Ariel Scharon siegte über Ehud Barak. Entscheidend war jedoch, dass die sieben Jahre nach Oslo für die Palästinenser sieben magere Jahre wurden und sieben fette für Israel.

Nach Oslo durfte Israel die Ecke verlassen, in die es als Besatzungsmacht von der Weltpolitik gestellt worden war. Die Wirtschaft blühte, mehrere arabische Länder öffneten sich für ökonomische und diplomatische Kontakte. Israel hatte guten Willen bewiesen, die Okkupation zu beenden, und die israelische Friedensbewegung konnte sich zur Ruhe setzen. Glaubte man. Nur dass die Palästinenser die Realität anders erlebten.

Sicher, die israelischen Soldaten hatten einen großen Teil des Gazastreifens und der Städte im Westjordanland geräumt, aber damit war die Herrschaft der Okkupanten nicht beendet. Die israelischen Siedlungen waren geblieben und sie wurden zügig ausgebaut. Die Gewalt und Schikanen der extremen Siedler gegenüber den Palästinensern nahmen nicht ab. Auch die Straßensperren blieben, an denen palästinensische Familienväter täglich stillschweigend Demütigungen vonseiten achtzehnjähriger grüner Jungen in Uniform ertragen mussten.

Die Korruption und der Mangel an Demokratie in der palästinensischen Selbstverwaltung machten die Sache nicht besser. Die Basis in Palästina begann sich zu fragen, was Oslo und die Anerkennung Israels ihnen eigentlich gebracht hatte. Hier und jetzt.

Es darf auch nicht vergessen werden, dass extremistische palästinensische Gruppierungen, allen voran die islamischen wie Hamas und Islamischer Dschihad, alles taten, um Oslo zu sabotieren, indem sie israelische Zivilisten in die Luft sprengten, sobald sich eine Gelegenheit bot. Damit spielten sie den israelischen Extremisten in die Hände, die das Osloer Friedensabkommen als »Verrat« verstanden. Sieben Jahre nach Oslo brach die Zweite Intifada aus, ein neuer palästinensischer Aufstand, auch »Befreiungskrieg« genannt. Im Gegensatz zur Ersten Intifada vor etwa zehn Jahren brachte die neue Intifada eine blutige, grausame und schonungslose Erbitterung mit sich – auf beiden Seiten.

Aufgrund der absoluten militärischen und technologischen Überlegenheit Israels sind die palästinensischen Verluste an Menschenleben, in Wirtschaft und Sozialstrukturen gigantisch. Aussichten auf Verhandlungen und Versöhnung sind nicht in Sicht. Ganz im Gegenteil versichert Israels Premierminister immer wieder aufs Neue, er denke nicht daran, »unter Beschuss« zu verhandeln. Sein Außenminister Schimon Peres hält sich dagegen an die alte Weisheit des Jüdischen Rabbiners Hillel: Wenn nicht jetzt – wann dann?

In der Zwischenzeit wendet die Geschichte wieder ein Blatt. Um ein neues blutiges Kapitel des langen, schmerzlich-verzweifelten israelisch-palästinensischen Konflikts zu beginnen oder fortzusetzen.

8.11.2001

Die Urangst und ihre schleimigen Monster

Irgendwo in meinen Kisten und Kästen hebe ich den Pass eines unbekannten palästinensischen Flüchtlings auf. Das Foto zeigt einen rundlichen Jungen von etwa 15 oder 16 Jahren mit dunklen Locken. Ich nahm seine ID-Karte 1982 an mich. Was ist aus ihm geworden?

Heute, fast 20 Jahre später, ist er 35–36 Jahre alt – wenn er noch lebt. Wahrscheinlich ist er verheiratet und hat viele Kinder. Palästinensische Flüchtlinge haben meist viele Kinder. Wo lebt er? Wahrscheinlich in einem palästinensischen Flüchtlingslager im Libanon. Wenn er noch lebt. Das bedeutet ein Leben ohne irgendwelche bürgerlichen Rechte, ohne Anspruch auf andere Jobs als jene, die die Libanesen selbst nicht haben wollen, wenn überhaupt. Er weiß, dass die Libanesen ihn am liebsten loswerden möchten, und mit ihm alle anderen 280 000 palästinensischen Flüchtlinge im Libanon. Aber wohin sollen sie gehen?

Und das Schlimmste: Er weiß, dass sein hoffnungsloses, aussichtsloses Leben mit größter Wahrscheinlichkeit auch das Leben seiner Kinder sein wird. So, wie es schon das Leben seines Vaters war.

Der Vater (oder war es der Großvater? Die Generationen wechseln so schnell, wenn auch das Schicksal das gleiche ist) hatte immer den Schlüssel zum Haus der Familie im verlorenen Land bei sich. Zu dem Haus, das es nicht mehr gibt, in dem Dorf, das wie hunderte andere palästinensische Dörfer nach oder während des Krieges 1948 dem Erdboden gleichgemacht wurde. Der »Befreiungskrieg« der Israelis, die al-Nakba, die »Katastrophe« der Palästinenser.

Als Teenager hatte er andere Träume, sein Leben sollte nicht eine solch unterdrückte Resignation wie das des Vaters und des Großvaters prägen. Er besuchte außerhalb von Sidon eine Berufsschule, betrieben von der UNRWA, der Organisation der Vereinten Nationen, die für die palästinensischen Flüchtlinge verantwortlich ist. In dieser Schule bekam der Junge auch eine Art halbmilitärische Ausbildung, allerdings nicht unter der Regie der UN oder der UNRWA. Es ist denkbar, dass die UNRWA die Augen vor dem verschloss, was das Personal dort tat.

Aber die Israelis verschlossen die Augen nicht. Als sie 1982 in den Libanon einmarschierten, entdeckte die israelische PR-Maschinerie den Nutzen der Berufsschule für sich – auch wenn zu Anfang niemand außer dem damaligen Verteidigungs- und heutigen Premierminister Ariel Scharon diesen Plan kannte. Die Journalisten, insbesondere die ausländischen, wurden eingeladen, das »Beweismaterial« zu besichtigen. Das Personal und die Schüler waren freilich geflüchtet, aber hier lagen noch die Khakiuniformen der Schüler, ein paar altmodische Waffen und große Karten von Palästina, dem gesamten Palästina, das zurückerobert werden sollte – mit der Waffe in der Hand. Die Hassfotos von israelischen Soldaten, die dem »Heimatland« und dessen wahren Besitzern Gewalt antaten, überließen nichts der Fantasie.

Unsere israelischen Guides präsentierten das alles mit großer moralischer Entrüstung. Schaut her, hier haben sie die Terroristen von morgen ausgebildet! Hier indoktrinierten sie zehnjährige Jungen mit unbändigem Hass auf friedliche Israelis, auf Männer, Frauen und Kinder, die von ihrem Grund und Boden vertrieben werden sollten! Und so weiter. Ich hörte nur mit halbem Ohr zu und sah mich im Schlafsaal um. Alles zeugte von einem überstürzten Aufbruch. Kleidung, Schuhe, Schulbücher, Schreibhefte, Briefe lagen über den Fußboden verstreut. Ich bückte mich und hob eine der zurückgelassenen ID-Karten auf.

Warum hatten die Besitzer sie dort gelassen? Ich wusste es nicht. Es ist auch ohne Bedeutung. Aber ich wusste und ich weiß, dass die israelische Entrüstung hohl war und ist. Was hatten sie von Söhnen erwartet, deren Väter seit fünfundzwanzig Jahren in tiefster Erniedrigung lebten? Hatten sie den eigenen Freiheitskampf vergessen, die eigenen Freiheitskämpfer, die von der britischen Mandatsmacht, der »Besatzungsmacht«, wie sie selbst sie nannten, als Terroristen abgestempelt wurden, wenn sie ein Gebäude in die Luft sprengten, das die britische Verwaltung in Jerusalem beherbergte, wobei fast hundert Menschen ums Leben kamen, Briten, Araber und Juden.

Oder wenn sie auf arabischen Terror mit jüdischem Terror reagierten und Bomben auf einen arabischen Markt warfen. Oder als sie zwei britische Soldaten aufhängten, einfach aufhängten, aus Rache, weil die Briten zwei ihrer Männer hingerichtet hatten. Hatten sie die Lieder ihrer Jugend am Lagerfeuer vergessen, nach einem harten Tag mit Waffentraining in der Haganah. Damals, vor der Gründung des Staates und noch viele Jahre danach betrachteten es die meisten jüdischen Teenager, Jungen wie Mädchen, als ihre nationale Pflicht, sich einige Male in der Woche die Khakiuniform anzuziehen, um zu lernen, wie man mit der Waffe umgeht. Viele nahmen auch an Sommerlagern teil, in denen man die militärischen Kenntnisse und das ideologische Bewusstsein der Jugendlichen schulte.

Ich möchte betonen, dass ich über niemanden richte. Ich benote weder Terroranschläge noch Heldentaten. Das steht mir nicht zu. Nur meine ich, man sollte vielleicht doch mit demselben Maß messen. Während der derzeitigen palästinensischen Revolte in den besetzten Gebieten kennt das Verdammen und Verurteilen von palästinensischen Eltern keine Grenzen, von Eltern, die ihren Kindern »gestatten«, Dinge zu tun, die meist lebensgefährlich sind, nämlich Steine auf israelische Soldaten zu werfen, oder an Sommerlagern teilzunehmen, in denen sie eine Art Waffentraining erhielten.

Keiner von denen, die so selbstgerecht urteilen, hat eine Ahnung, unter welchen Bedingungen diese Eltern und ihre Kinder leben. Diese kleinen »Aktivisten« kommen fast alle aus Flüchtlingslagern. Die Eltern der palästinensischen Mittel- und Oberschicht sehen zu, dass ihre Kinder mit dem Auto in ihr sicheres Zuhause gebracht werden, wo sie sich mit dem Lesen guter Bücher oder mit pädagogisch wertvollem Spielzeug beschäftigen können. Eine Familie, die mit zehn Personen in zwei Zimmern in einem Flüchtlingslager lebt, kann ihre Kinderschar unmöglich immer unter Aufsicht haben.

Besonders dann nicht, wenn die Mutter nicht zu Hause ist, weil sie das Glück hat, zur Versorgung der Familie beizutragen, indem sie bei einer israelischen Familie putzt.

Ich könnte noch viel mehr Beispiele anführen für das Unvermögen oder den fehlenden Willen, zu sehen, und zwar nicht nur den anderen, sondern vor allem sich selbst im anderen. Einzusehen, dass der Terrorist des einen der Freiheitskämpfer des anderen ist. Und dass ein Lynchmord ein Lynchmord ist und bleibt. Sei es der palästinensische Mob, der zwei verirrte israelische Soldaten in Ramallah im Westjordanland lyncht, oder ein israelisch/jüdischer Mob in Netanya, der alles tut, um einen Palästinenser zu lynchen, der sich zufällig in der Nähe aufhielt, als eine Bombe an einer Bushaltestelle explodierte.

Nun hat es natürlich immer Israelis/Juden gegeben, die keine schmerzhaften Wahrheiten und Einsichten scheuten. Lassen Sie mich dafür zwei Zitate anführen. Ich bin sicher, Sie werden erstaunt sein, wenn Sie merken, wen ich zitiere: »Wenn wir sagen, dass die Araber die Angreifer sind und wir uns verteidigen, dann ist das nur die halbe Wahrheit. Wenn es um unsere Sicherheit geht und um unser Leben, dann verteidigen wir uns … Aber der Kampf ist nur ein Aspekt des Konfliktes, der im Kern politisch ist. Und politisch sind wir die Angreifer und die anderen verteidigen sich.«

Das wurde 1938 gesagt.

Das nächste Zitat stammt aus dem Jahr 1949. »Warum sollten

die Araber Frieden schließen? Wenn ich ein arabischer Anführer wäre, würde ich mich niemals mit Israel einigen. Das ist nur natürlich. Wir haben ihnen ihr Land genommen. Sicher, Gott hat es uns versprochen, aber was für eine Rolle spielt das für sie? Unser Gott ist nicht ihrer. Sie sehen nur eines: Wir kamen hierher und stahlen ihr Land.

Warum sollten sie das akzeptieren?«

Beide Zitate haben denselben Urheber: David Ben Gurion, der Vater des modernen Israel und der erste Premierminister.

Wenn man das damals sagen konnte, warum dann nicht auch heute? Und warum entsteht eine so irrsinnige Aufregung, wenn trotzdem jemand wagt, etwas Ähnliches auszusprechen? Wie damals, als der frühere Premierminister Ehud Barak in einem Fernsehinterview erklärte, wäre er als Palästinenser geboren, dann hätte er sich als junger Mann ebenfalls einer Guerillabewegung angeschlossen. Ich kann mich nicht erinnern, wie es Barak gelang, den Proteststurm zu dämpfen, der daraufhin losbrach. Aber er tat wohl das, was Politiker immer tun, wenn ihnen eine unbequeme Wahrheit herausrutscht: behaupten, sie seien missverstanden worden.

Warum das Bild, das so viele Israelis, besonders die mittleren Alters oder die Älteren, von den Palästinensern haben, blinde Flecken hat, liegt meines Erachtens daran, dass sie an einer Überdosis Moral leiden. Das klingt wie ein Paradox, hat seine Wurzeln aber in der Geschichte. Die Geschichte der Juden ist bekanntermaßen von einer unendlichen Kette aus Verfolgungen und Katastrophen bestimmt. Angefangen bei der Zerstörung des ersten Tempels und der Gefangenschaft in Babylon über die Zerstörung des zweiten Tempels und die Vertreibung des Volkes aus dem Land und seine Zerstreuung in alle Winde. Zum Schicksal des Volkes in der Diaspora muss man vielleicht nicht so viel sagen. Die Scheiterhaufen der Inquisition, die Schlächtereien der Kreuzzüge, der Schrecken der Pogrome, all das kulminierte in den Vernichtungslagern des Holocaust. Im Lauf der langen blutigen Geschichte waren die Juden über Jahrhunderte hin machtlose Opfer, und per definitionem ist das Opfer, der Verfolgte, der Ermordete unschuldig. Schuldig ist derjenige, der die Macht hat, der Verfolger, der Henker. Ihre Machtlosigkeit war es, die die Juden moralisch über dem Rest der schuldigen Menschheit stehen ließ.

Dann nahm die Geschichte eine neue Wendung. Der Staat Israel wurde auf den Ruinen Palästinas errichtet, aus den Juden wurden Israelis – und sie bekamen Macht. Sie gesellten sich zum Rest der schuldigen Menschheit. Und wie sich zeigte, waren sie als Nation – natürlich – weder besser noch schlechter als andere Nationen. Nun ja, vielleicht doch ein bisschen besser als viele andere, wage ich zu behaupten. Als Nation mussten die Juden / Israelis die bittere Lektion lernen, dass man nicht leben, schon gar nicht überleben kann, ohne schuldig zu werden. Das bringt mit sich, dass man die moralische Überlegenheit verliert.

Ein Mann wie Ben Gurion wusste um diese Ordnung der Dinge und akzeptierte das. Vor die Wahl gestellt, ob sein Volk »ein Licht für die Völker«, ein moralisches Vorbild sein oder als neugeborene Nation überleben solle, entschied er sich für das Überleben.

Im Laufe der bisherigen Geschichte war das Licht allzu oft zu Wachs geschmolzen.

Ich meine allerdings, dass diese Wahl für viele von Ben Gurions Zeitgenossen und noch mehr für die Nachkommenden zu unbequem war. Sie waren nicht bereit, das tief verwurzelte Gefühl der moralischen Überlegenheit aufzugeben und den moralischen Preis der Macht und des Überlebens zu bezahlen. Genauer gesagt: Vor dem Preis verschlossen sie die Augen. Sie leugneten, dass sie nicht nur die Macht hatten, sondern sie auch ausübten – mit allen Konsequenzen, die das für die Palästinenser hatte. Das Leugnen nimmt teilweise lachhafte Züge an, wenn man beispielsweise während der derzeitigen Intifada, dem Aufstand der Palästinenser in den besetzten Gebieten, hören kann, wie manche Israelis allen Ernstes behaupten: »Das ist ein Krieg! Wir kämpfen um unser Leben!« Und im Krieg ist, wie bekannt, alles erlaubt.

Letzteres sagt man jedoch nicht laut, noch nicht.

Wenn es nicht so tragisch wäre, könnte es komisch sein. Selbst den kleinsten Kindern dürfte bewusst sein, dass Israel die stärkste, fortschrittlichste Militärmacht in der ganzen Region ist. Aber viele, allzu viele, haben dieses Wissen nicht in sich aufgenommen. Nicht in ihrem Innersten, denn dort in der Tiefe sitzen die schleimigen Monster der Angst. Manchmal könnte man glauben, die Urangst sei ein Teil der genetischen Ausstattung des jüdischen Volks, auch wenn man das noch sehr verleugnet. Im Gegenteil, vielleicht ist das aggressive und arrogante Leugnen ein Indiz dafür, wie riesengroß diese Urangst ist. Allerdings wäre es unehrlich, leugnete man die Verantwortung der Palästinenser dafür, dass diese Angst am Leben erhalten wird.

31.5.2001

Das Leugnen des Holocaust

Die Palästinenser haben konsequent die Macht des Worts unterschätzt. Den meisten von ihnen war wohl klar, dass es sich um leere Rhetorik und Wunschdenken handelte, wenn sie jahrzehntelang erklärten: »Die Juden muss man ins Meer stürzen.«

Die Palästinenser selbst wussten, dass es ihnen an jeglichen Voraussetzungen fehlte, um diesen Vorsatz in die Tat umzusetzen. Bittere Erfahrung hatte sie überdies gelehrt, dass es auch niemand anderes in der arabischen Welt für sie tun würde. Nein, nicht einmal Saddam Hussein, selbst wenn er sich im Kuwaitkrieg die Sympathien und die Dankbarkeit vieler Palästinenser erwarb, als er ein paar Feuerwerkskörper auf Tel Aviv abschoss.

Doch die Palästinenser verstanden nicht, dass viele Israelis diese Drohung tiefernst nahmen. Bestimmte Machthaber zögerten außerdem nicht – ohne freilich selbst vom Trauma einer Zeit der Machtlosigkeit gezeichnet zu sein –, angstvolle traumatische Wahnvorstellungen für ihre eigenen Zwecke auszunutzen.

Zu Letzteren gehörten Eroberungen und übertrieben gewaltsame Vergeltungsaktionen sowie die brutale Niederschlagung jeglichen Zeichens von Widerstand (der »Tiere auf zwei Beinen«, wie der ehemalige Premierminister Begin palästinensische »Terroristen« genannt hatte).

Ich will jedoch betonen, dass meiner Meinung nach Begin selbst nicht zu denen gehörte, die die irrationale Furcht anderer »ausnutzten« – tief im Innern hegte er diese Furcht selbst. Zwar konnte er sich wie kein zweiter lang und breit über Israels Größe verbreiten sowie über die seiner ehrenvollen Armee, die das Volk einer ewig feindlichen Übermacht gegenüber verteidigen würde. Aber war nicht die totale Machtlosigkeit, die zum Untergang seiner Eltern und großer Teile seiner Familie geführt hatte, eine tief sitzende Realität für ihn?

Ich glaube es, und ich glaube, dies kann seine gebrochene und verdrehte Auffassung der Realität erklären, die während der israelischen Belagerung von Beirut 1982 zu jenem grotesken Telegramm an den amerikanischen Präsidenten Reagan führte. In diesem sonderbaren Dokument setzte Begin eine Art Gleichheitszeichen zwischen »Arafat in seinem Bunker in Beirut und Hitler in seinem Bunker in Berlin«. Für Begin war ein Guerillaführer, der keine einzige moderne schwere Waffe besaß, ein ebenso gefährlicher und tödlicher Feind des jüdischen Volks wie Hitler und seine gut geschmierte Mordmaschine!

Die Palästinenser behaupten oft, sie müssten den Preis für die Schuld der Europäer an den Juden bezahlen. Es waren der Holocaust und die generelle Passivität der Europäer – von leuchtenden Ausnahmen abgesehen –, während der Zeit der Vernichtung des jüdischen Volkes, die zum unschlagbaren Argument der Zionisten wurden: Hier, so hieß es, wurde ein »Land ohne Volk für das Volk ohne Land« gebraucht. Wenn die Weltgemeinschaft, vertreten durch die Vereinten Nationen, beschloss, die Hälfte Palästinas solle zu Israel, dem Staat der Juden werden, kann man diese Entscheidung mit Fug und Recht einen kolonialen Akt nennen. Schließlich lebte in diesem Land ein Volk, gab es dort Menschen und ihr Zuhause, ihre Oliven- und Orangenhaine, ihre Ziegen und Schafe.

Diese Menschen konnten nur schwer einsehen, warum sie plötzlich einen Teil von alledem an ein anderes Volk abtreten sollten. Das war, meinten sie, ein ebenso großer Übergriff, wie sie dazu zu zwingen, ihr Wohnzimmer an eine fremde Familie abzutreten, wenn man auch das Schlafzimmer und einen Teil der Küche behalten durfte. So weit haben die Palästinenser vollständig recht.

In den letzten Jahren verbreiteten sich bei der Verteidigung der gerechten Sache der Palästinenser allerdings auch immer mehr andere »Argumente«, und nicht nur bei den Palästinensern, sondern allgemein in der arabischen Welt, nicht zuletzt unter den Intellektuellen. Man kann es immer wieder hören, nicht nur in Ramallah, in Hebron oder Gaza, sondern auch in Kairo, Damaskus und Amman: Es gab nie eine Judenvernichtung, der Holocaust ist ein Mythos, erfunden von den Juden, um den Raub Palästinas zu rechtfertigen. Und außerdem natürlich, um der ganzen Welt Geld abpressen zu können, man kennt ja ihre grenzenlose Gier. In einer Variante wird behauptet, die Zionisten hätten die Juden, die tatsächlich starben – einige Hundert oder vielleicht auch einige Tausend – ihren Mördern überlassen, um ihrer Forderung nach einer Freistatt und einem sicheren Heimatland für die Juden der Welt in Palästina Nachdruck zu verleihen.

Lassen Sie mich das am Beispiel eines Artikels belegen, der kürzlich in der Zeitung al-Hayat al Jadida, dem Sprachrohr der palästinensischen Führung, kurz vor dem Holocaust-Gedenktag erschienen ist. Das ist der Tag, an dem Sirenen über ganz Israel heulen und die Menschen sich erinnern, und, wenn sie ihr Gesicht dem Vergangenen zuwenden, wie Lots Weib zu Salzsäulen aus ungeweinten Tränen erstarren.

Der Journalist dieser Zeitung erörtert, was er den »Vernichtungsmythos« nennt, dem die westliche Welt dank der jüdisch / zionistischen Indoktrinierung zum Opfer gefallen sei. Aber, behauptet er erleichtert, jetzt gäbe es ja deutliche Anzeichen dafür, dass die Welt aufwache und diesen jüdisch/zionistischen Bluff durchschaue: »Die Frage, die jetzt an den westlichen Universitäten und in bekannten Verlagen diskutiert wird, lautet, ob das Huhn (der Vernichtungsmythos), das für die Juden auf der ganzen Welt goldene Eier gelegt hat, jetzt nicht sein Haltbarkeitsdatum überschritten hat.«

Ich bin ziemlich abgehärtet, oft schon habe ich Ähnliches gehört und gelesen, aber ich muss gestehen, dass es mir bei der Rohheit und Vulgarität dieser Formulierung eiskalt über den Rücken gelaufen ist.

Nun muss allerdings doch betont werden, dass es viele herausragende palästinensische Intellektuelle gibt, die über die Geschichtsfälschung dieser Vernichtungsleugner aufgebracht sind, und die sich darüber im Klaren sind, welchen Schaden diese Haltung für die Sache der Palästinenser bedeutet. Nicht zuletzt wegen der öffentlichen Proteste prominenter palästinensischer Intellektueller aus aller Welt musste eine geplante »akademische« Konferenz zum Thema »Enthüllung des Vernichtungsmythos«, die kürzlich in Beirut hätte stattfinden sollen, abgesagt werden.

Aber jetzt wird eine vergleichbare Konferenz, oder vielleicht ist es auch dieselbe, in Amman geplant. Der König tut, was er kann, um sie zu verhindern, denn er weiß, wie viel Schande und wie viele Lügen diese Konferenz nach Jordanien bringen würde.

Auch die grotesken Feindbilder, die regelmäßig in der arabischen Presse auftauchen, und die den Judenkarikaturen im »Stürmer« in nichts nachstehen, erweisen der palästinensischen Sache keinen Dienst. Wie zum Beispiel die Geschichte über einen üblen Anschlag »der Juden« auf die Potenz und Fruchtbarkeit palästinensischer Männer durch eigens hergestellte Kaugummis, die sie, »die Juden«, in die besetzten Gebiete exportieren würden.

In der neuesten Meldung ging es um vermintes Spielzeug in der Nähe der jüdischen Siedlungen im Gazastreifen: Nimmt sich ein palästinensisches Kind das Spielzeugauto oder die Puppe, explodiert das Spielzeug in den Händen des Kindes. Dasselbe habe ich im Libanon gehört, wo behauptet wurde, »die Juden« hätten vermintes Spielzeug in die palästinensischen Flüchtlingslager eingeschleppt.

Die Palästinenser bemerken es noch nicht, aber das Problem bei solchen Schreckensfantasien, die sie selbst gewiss als Wahrheiten erleben, ist doch, dass der Schuss nach hinten losgeht.

Indem sie konsequent von den üblen Taten »der Juden« sprechen, statt von den üblen Taten der Israelis, lösen sie bei ihrem Feind einen Reflex aus.

Das kennen wir doch nur zu gut, sagen die Juden/Israelis. Nächstes Mal werden sie behaupten, wir vergifteten ihre Brunnen und benutzten das Blut moslemischer Kinder, um unsere Matzen zu backen! Früher waren es die Christen, die die »Gottesmörder« für das abgrundtief Böse und solche abscheulichen Verbrechen anklagten. Was daraus folgte, wissen wir ja. Wie könnt ihr verlangen, dass wir mit denen Frieden schließen und ihnen vertrauen! Die schneiden uns doch bei der nächstbesten Gelegenheit die Kehle durch.

Dass die Palästinenser meist von »den Juden« sprechen, wenn sie Israelis meinen, verstärkt diesen Eindruck noch. Als ich einen palästinensischen Journalistenkollegen einmal auf den unerwünschten politischen Effekt dieses Sprachgebrauchs hinwies, lachte er etwas verlegen und erklärte: »Weißt du, wir können sie doch nicht Israelis nennen, denn damit würden wir ja die Existenz Israels anerkennen!«

An dieser Stelle, meine ich, kommen wir zum Kern der Sache. Wenn ein wahrhaftiger Friede zwischen Israelis und Palästinensern jemals möglich werden soll, müsste es natürlich zu allererst ein freies und selbstständiges Palästina geben.

Aber das reicht nicht: Die Palästinenser müssten auch akzeptieren, dass es Israel und die Israelis als ihre Nachbarn gibt und geben wird. Und dass sie sogar gute und hilfsbereite Nachbarn werden könnten.

Aber die Voraussetzung dafür, dass die Palästinenser diese mentale Revolution durchführen, ist, dass die Israelis einen mindestens ebenso revolutionären mentalen Prozess durchlaufen. Die Israelis müssen einsehen, dass der Hass der Palästinenser auf sie nicht das Geringste mit dem gegen »das Volk der Gottesmörder« gerichteten Hass der christlichen Welt zu tun hat. Anders als die fanatischen Christen früherer Zeiten und die Rassisten moderner Zeiten, hassen die Palästinenser die Israelis (die sie Juden nennen) aus gutem Grund. Ben Gurion wusste das. »Wir kamen hierher und stahlen ihr Land«, sagte er und sah keine Möglichkeit für eine Lösung des Konflikts. Es ging um »wir oder die«.

Heute, fünfzig Jahre später, ist die Situation eine andere.

Anders als der Jischuw, das jüdische Gemeinwesen zu Zeiten des Mandats, und als Ben Gurions neugeborener israelischer Staat, ist Israel als Staat der Juden (doch nicht unbedingt als ein jüdischer Staat) ein unwiderrufliches Faktum. Und paradoxerweise schufen der Krieg von 1967 und die Eroberung des Westjordanlands und des Gazastreifens neue Möglichkeiten zur Konfliktlösung. In ihrer Folge würden die besetzten Gebiete endlich zu dem werden können, wozu sie aus israelischer Perspektive anfangs gedacht waren: zur Trumpfkarte bei Verhandlungen. Land gegen Frieden. Mit dem Unterschied, dass Israel nun nicht mit den arabischen Staaten Frieden im Austausch gegen Land suchen würde, sondern mit den Palästinensern.

Es reicht jedoch nicht, wenn Israel anbietet, seine Armee zurückzuziehen und die Siedlungen in den besetzten Gebieten zu räumen. Auch im Bewusstsein müsste verankert sein, dass es sich dabei nicht um ein »großzügiges Angebot« handelt, wie Barak und seine Leute es ausgedrückt haben, sondern um einen schlichten Akt der Gerechtigkeit.

Eine Art, durch das Handeln zu sagen: Ja, euch ist Unrecht geschehen. Aber die Uhr der Geschichte kann nicht zurückgestellt werden. Lasst uns nun gemeinsam eine neue Zukunft schaffen für uns und für kommende Generationen. Um Theodor Herzl zu zitieren: Wenn ihr wollt, ist es kein Märchen!

1.6.2001

Der Friedenskämpfer Amos Oz streut Sand in die Augen

Der als Autor und »Friedenstaube« international bekannte Amos Oz macht geltend, der Kampf zwischen israelischen Juden und palästinensischen Arabern sei »im Wesentlichen nichts anderes (...) als ein territorialer Konflikt über die schmerzliche Frage ›Wessen Land?‹. Ein Konflikt zwischen Recht und Recht, zwischen zwei ausgesprochen vitalen und überzeugenden Ansprüchen auf dasselbe kleine Land.« Er behauptet, sowohl die israelischen Juden als auch die Palästinenser hätten tiefe historische und emotionale Wurzeln in diesem Land.

Variationen dieser Gedanken wurden von Oz in den letzten Jahren während seiner vielen Vortragsreisen im Ausland vorgebracht. Drei dieser Vorträge sind in einem schmalen Band mit dem Titel *Wie man Fanatiker kuriert* abgedruckt (Suhrkamp Verlag, Frankfurt am Main 2004). Die Auswahl ist repräsentativ für Oz' Einstellung zum israelisch-palästinensischen Konflikt, aber leider fehlen Angaben, wann und wo die Vorträge gehalten wurden.

Gerade weil Amos Oz als eine Art Personifizierung der Friedenstaube gesehen wird und weil er als eine der Galionsfiguren der Volksbewegung »Peace Now« auftritt, meine ich, dass man seine Behauptung kritisch prüfen müsste.

Die tiefen historischen und emotionalen Wurzeln der Palästinenser in diesem Land oder eher noch in ihrem eigenen Dorf in diesem Teil der arabischen Welt, brauchen kaum diskutiert zu werden. Man muss aber unterstreichen, dass Oz hier und im Folgenden von Israel vor dem Krieg und vor den Eroberungen von 1967 spricht. Ebenso wahr ist, dass Palästina vor zweitausend Jahren das Heimatland des jüdischen Volks, der hebräischen Nation war.

Seither ist jedoch, wie bekannt, einiges passiert.

»Der wandernde Jude« versuchte, überall dort Wurzeln zu

schlagen, wo der Boden nicht allzu karg und steinig war, zunächst in Europa und später in den USA.

Im christlichen Spanien des Mittelalters entwickelte sich neben der moslemischen eine jüdische Hochkultur. Später boten Deutschland und Österreich fruchtbaren Boden für eine gegenseitige Bereicherung einheimischer und jüdischer Kultur. Viele Juden nahmen herausragende Positionen im politisch-historischen Leben ihrer Gastländer ein. Sogar bei einem wehmütig und nachdenklich stimmenden Spaziergang über die Soldatenfriedhöfe des Ersten Weltkriegs, erzählen die Kreuze und Davidsterne der Grabsteine die gleiche Geschichte: Hier ruhen junge Männer, Christen und Juden, die Seite an Seite kämpften und ihr Leben für die Länder gaben, in denen sie ihrer Ansicht nach ihre »historischen und emotionalen Wurzeln« hatten. Dass die deutschen Juden, wie die europäischen Juden in allen Ländern, über welche die braune Pest hinzog, seinerzeit mitsamt diesen Wurzeln ausgerissen und in den brennenden Ofen geworfen wurden, ändert nichts an der Wahrheit der historischen Tatsachen.

Man könnte einwenden, dass viele, vielleicht die Mehrzahl der im Gastland meist erfolgreich assimilierten Juden, wenn nicht ihren religiösen Glauben, so doch ihre Identität als Teil des jüdischen Volks behielten, ihr Zugehörigkeitsgefühl zur jüdischen Nation. Das Gastland war eben dieses: Gastland, aber nicht Heimatland. Das ist ein subtiler, aber wesentlicher Unterschied.

Die Frage nach einem Heimatland, einem eigenen politischen Territorium, stellte sich vor Herzl, der Vaterfigur des frühen Zionismus, für die Juden der »Gastländer« kaum. Ich nehme hier eine streng orthodoxe Minorität von Juden aus, die hauptsächlich in Osteuropa lebte, in Polen und Russland. Weder wollten noch durften sie, von wenigen Ausnahmen abgesehen, in ihren Gastländern Wurzeln schlagen. Für sie galt die alte Geschichte von Moischele, der sich, nachdem sein armseliges Haus nun schon im dritten polnisch-russischen Pogrom zerstört und die Töchter vergewaltigt worden waren, in bitterer Klage an den Herrn wendet: Ja, seufzt Moischele, ich weiß es ja. Wir sind dein auserwähltes Volk. Aber erweise uns nun ein wenig Barmherzigkeit und erwähl dir ein anderes Volk – zumindest für eine Weile ... Doch am nächsten Morgen bindet Moischele sich natürlich wieder die Gebetsriemen um den Arm und dankt Gott, dass er, Moischele, für würdig befunden sei, dem Volk anzugehören, das der Herr auserwählte, seinen Geboten zu folgen und zu gehorchen. Er bittet auch darum, der Herr möge bald das jüdische Volk als Nation wiederherstellen im eigenen Land, nämlich in Palästina, wo sonst, wo es den Juden vergönnt sein werde, den Tempel zur Ehre des Herrn wieder zu errichten.

Der springende Punkt – dessen ist sich Amos Oz wohl bewusst, aber er zieht es vor, darüber hinwegzusehen – ist doch, dass diese frommen Juden den säkularen Zionismus als sündige Überhebung und Lästerung ansahen.

Ja, doch, Israel sollte wiederhergestellt werden, aber nicht von Menschenhand, sondern vom Messias, wenn es dem Herrn gefiel, den Erlöser seines Volks zu senden. Wer Geld und die Möglichkeit hatte, begab sich nach Palästina, um dort zu sterben und in der Erde des Heiligen Landes begraben zu werden. Viele waren das nicht. Bis heute leben einige Hundert solcher Familien im Staat Israel, mit dem sie so wenig wie möglich zu tun haben wollen.

Sie haben ihr eigenes Schulwesen, unterliegen weder der Wehrpflicht, noch nehmen sie an nationalen Zeremonien teil, wie dem Hissen der Flagge auf Halbmast, wenn jährlich der gefallenen Soldaten mit einer Schweigeminute gedacht wird.

Was Oz selbst angeht, seine Familie und die überwältigende Mehrheit der Zionisten, die vor der Bildung des Staates Israel nach Palästina einwanderten, verwickelt er sich in Widersprüche. Er ist gezwungen, zuzugeben, dass diese Juden ihre historischen, emotionalen und vor allem kulturellen Wurzeln anderswo hatten und haben. Ihre Hausgötter hießen Tolstoj, Dostojewski, Kafka, Shakespeare und, natürlich, Goethe und Schiller. »Alle Mitglieder meiner Familie waren mit Hingabe Europäer … Sie kannten die Sprachen, sie kannten die Geschichte, sie waren grenzenlos in Europa verliebt«, schreibt Oz.

Seine Familie steht mit diesem Hintergrund gewiss nicht allein, der galt im großen Ganzen für die gesamte Jischuw, das jüdische Gemeinwesen mit seinen sozialen, politischen und kulturellen Strukturen in Palästina vor 1948.

An anderer Stelle konstatiert Oz, »die Tatsache, dass es im Grunde ein Konflikt zwischen zwei Opfern ist, trägt mit dazu bei, dass der Konflikt zwischen Israel und Palästina so mühsam ist. Zwei Opfer desselben Unterdrückers.«

Bitte beachten Sie, dass Oz von »Israel und Palästina« spricht, als seien es vergleichbare Erscheinungen. Allerdings existieren heutzutage zwar Palästinenser, aber kein Palästina, während die Juden im Staat Israel leben (in den Grenzen von 1967).

Oz zufolge ist der Schurke im Drama das europäische Kolonialsystem, das die arabische Welt ausbeutete, kontrollierte, demütigte und sie als imperialistischen Spielplatz benutzte. Dasselbe Europa, das die Juden diskriminierte, verfolgte und sie am Ende einer Massenvernichtung von nie gekanntem Ausmaß aussetzte. Auf diese Weise wurden sowohl Araber wie Juden zu Opfern, stellt Oz fest, und vermischt damit Äpfel und Birnen.

Man kann gewiss dem ersten Teil des Gedankengangs zustimmen: dem Urteil über die koloniale Vergangenheit Europas. Aber dann hinkt der Vergleich: Das europäische Kolonialsystem kann auf keinen Fall für den Holocaust verantwortlich gemacht werden. Hingegen ist, und das ist in dem Zusammenhang von größerem Gewicht, die Entstehung des Staates Israel auf Kosten Palästinas sozusagen das letzte Hurra der Kolonialzeit. Dabei darf man nicht vergessen, dass die Weltgemeinschaft ihren Segen dazu gab. Übrigens gab die Sowjetunion bei der Abstimmung der Vereinten Nationen als erste ihre Ja-Stimme ab.

Das macht es so schwer, sich gegen das übliche arabische Argument zu verteidigen, Europa habe seine Schuld am jüdischen Volk abgegolten, indem es das palästinensische Volk opferte. Außerdem habe es mit dem UN-Beschluss, einen Staat der Juden einzurichten, die Palästinenser des Löwenteils ihres Bodens beraubt und in einem Mini-Palästina zurückgelassen.

Dieser Gedankengang läuft natürlich der Grundüberzeugung von Oz und dem Glauben der überwältigenden Mehrheit der Israelis an das moralische und historische Recht des jüdischen Volks auf den Staat Israel zuwider.

Persönlich glaube ich, ein dauerhafter Friede in dem Gebiet verlangt das Eingeständnis, dass den Palästinensern, und in gewisser Hinsicht der arabischen Welt allgemein, durch die Errichtung des Staates Israel Unrecht widerfahren ist. Das kann und soll nicht ungeschehen gemacht werden, indem man Israel vernichtet – ein Unrecht wird nicht wieder gutgemacht, indem man ein neues begeht. Israel ist unabdingbar für die nationale Freiheit und Selbstständigkeit des jüdischen Volks und als Heimatland für einzelne Juden, die in ihren Gastländern nicht länger erwünscht sind. Palästinensische Flüchtlinge durch israelische zu ersetzen, ist keine Lösung. Aber Sand in die Augen streuen, wie Oz und andere es tun, indem sie »the original sin« verleugnen – durch die die Mehrzahl der Palästinenser zu Flüchtlingen wurden – dient weder dem Frieden noch der Sache der Gerechtigkeit.

22.6.2007

III

Israel und Palästina

Der Dimmer, das Ghetto und der Junge. Zu Besuch beim Autor Uri Orlev in Jerusalem

Mitten im Gespräch steht Uri Orlev plötzlich auf und geht in die Küche, er will mir etwas zeigen.

»Da«, sagt er, »ich habe einen Dimmer!« Er reguliert die Helligkeit der schönen altmodischen Lampe, die über dem runden Küchentisch hängt.

»Mir ist aufgefallen, dass ich das Licht der Lampe immer sehr schwach einstelle. Jetzt habe ich begriffen warum«, sagt er. »Ich will wieder diesen schwachen Lichtschein wie damals zuhause in der Küche in Warschau erzeugen, wenn Mutter nach dem Abendessen meinem Bruder und mir vorlas.«

Er erinnert sich daran, dass sie ihnen unter anderem die Geschichte von Nils Holgerssons Reise vorlas. Er fragt noch einmal, ob ich nicht wenigstens eine Tasse Kaffee haben möchte. Es mache ihm gar keine Mühe. Aber ich will nichts haben. Gar nichts.

Am liebsten möchte ich weggehen und weinen.

Das idyllische Vorlesen, das er mir ausmalt, ereignete sich vor fast sechzig Jahren im Ghetto von Warschau. Den Ort verbindet man normalerweise nicht mit innigen Abenden und Vorlesen im geborgenen Schein der Lampe. Und bestimmt nicht mit Essen. Das war auch der Ort, wo die deutschen Soldaten Uris schöne Mutter in ihrem Krankenhausbett ermordeten, zusammen mit allen anderen Patienten, die zu schwach waren, um aufzustehen. Das war im Winter 1943.

Uri war elf Jahre alt. Sein Bruder war vier Jahre jünger. Damals hieß Uri noch Jerzy Henryk Orlowski. Seine Eltern waren Juden, natürlich, aber noch mehr waren sie assimilierte polnische Patrioten. Der Vater war Arzt und Offizier der polnischen Armee. Im Krieg war er in russische Gefangenschaft geraten. Jerzy/Uri würde seinen Vater erst viele Jahre später wiedersehen. Die Begegnung wurde eine große Enttäuschung.

Inzwischen hatte Jerzy den Namen in Uri geändert, und er lebte und arbeitete in einem israelischen Kibbuz. Er hatte auch eine erfolgreiche Karriere als Autor begonnen. Uri Orlevs Bücher gibt es inzwischen in etwa dreißig Sprachen, auch auf Schwedisch und Deutsch (*Die Insel in der Vogelstraße*, Ravensburger Buchverlag, Ravensburg 1990).

»Das lehnt sich an meine Erlebnisse in meiner zweiten Kindheit im Warschauer Ghetto an«, sagt er. Uri Orlev zählt für sich drei verschiedene Kindheiten: eine vor dem Krieg, eine während des Kriegs und eine im Kibbuz in Israel. Er schreibt von einem Jungen, der sich nach dem Aufstand im Ghetto versteckt.

Die Juden im Ghetto wussten, dass ihre heroische Revolte von Anfang an zum Scheitern verurteilt war. Wie sollten sie, einige Dutzend Männer und Frauen, mit wenigen Handfeuerwaffen ausgerüstet, die mächtige deutsche Armee besiegen können.

Dennoch war die Revolte nicht sinnlos. Indem sie zur Gegenwehr antraten, eroberten sich die Kämpfer den Respekt vor sich selbst und ihre menschliche Würde zurück. Sie wollten selbst entscheiden, wie sie sterben sollten. Nicht vor Hunger und nicht durch Misshandlungen. Und nicht in den Gaskammern von Auschwitz und Treblinka. Sondern mit der Waffe in der Hand Widerstand leistend – so wollten sie sterben. Als die Revolte niedergeschlagen war, zerstörten die Deutschen große Teile des Ghettos. Aber Teile der jüdischen Bevölkerung hatten überlebt, sie versteckten sich an verschiedenen Orten, in unterirdischen Bunkern und Gängen.

So einer ist die Hauptfigur des Buchs *Die Insel in der Vogelstraße*. Er heißt Alek, und er überlebt zusammen mit seinem Haustier, einer kleinen weißen Maus.

»Frag mich nicht, warum aus meinem kleinen Bruder eine Maus wurde. Ich weiß es nicht, darauf kann ich keine Antwort geben«, lacht er.

Das Buch von Alek lässt sich gut als spannendes Buch für Jungen lesen. Es steckt voller verrückter Abenteuer. Ein leiser Humor durchzieht das Erzählte, zu dem auch eine scheue kleine Liebesgeschichte gehört. Kein Wunder, dass das Buch verfilmt wurde. Aber wie kommt Uri Orlev dazu, diese Kindheit, die sich in Wahrheit in einer Hölle auf Erden zutrug, wie ein helles Jungenbuchabenteuer zu schildern?

»Aber für mich war es doch genau das«, antwortet er, »ein Abenteuer. Auch wenn viele Episoden in dem Buch erfunden sind, finde ich, dass die Grundstimmung wahr ist. So habe ich sie erlebt.«

»Du musst wissen«, erklärt er und klingt ganz eifrig, »ich habe ungewöhnlich früh lesen gelernt und lebte mehr oder weniger in der Welt der Bücher. Und ich beneidete die Helden meiner Bücher, die immerzu alle möglichen fantastischen Abenteuer erlebten und die schrecklichsten Gefahren überwanden.«

»In der Zeit, die ich als meine erste Kindheit bezeichne, passierte nie etwas Spannendes. Ich wuchs in einem wohlhabenden Arzthaushalt auf. Ich musste essen, obwohl ich keinen Hunger hatte. Ich musste mich dauernd waschen. Ich musste in die Schule gehen, was ich hasste. Alle kümmerten sich um meinen Bruder und mich, Dienstboten, Kindermädchen, Gouvernante, Köchin. Unseren Vater sahen wir nicht oft, er arbeitete von früh bis spät. Mutter half ihm in seiner Privatpraxis.

Diese erste Kindheit war genauso normal wie langweilig. Erst der Krieg veränderte alles.«

»Ich erinnere mich an die Bombardierung Warschaus durch die Deutschen. Mutter und ich rannten auf die Straße und suchten Schutz. Ich sah die brennenden Häuser. Ein Mann, den ein Bombensplitter am Kopf getroffen hatte, lag blutend auf der Straße. Das ist ein großes Abenteuer, und ich bin mitten drin, dachte ich. Mein Abenteuer!«

Na ja, denkt die Interviewerin, die ihm zuhört. Es gibt viele Überlebensstrategien. Jerzy im Ghetto tat sicher das Richtige, indem er eine unerträgliche Wirklichkeit in eine Fantasie umwandelte. Eine Jungenbuchfantasie. Aber ließ sich die Fiktion aufrecht erhalten? Die ganze Zeit? Offenbar ja. Orlev erinnert sich, wie er einmal im Ghetto weinte. »Das einzige Mal.« Das war an seinem Geburtstag. Da hatte er sich ein Buch mit Gedichten von Adam Mickiewicz gewünscht, dem polnischen Nationaldichter. Er hatte es in einem Schaufenster gesehen – o ja, es gab Buchhandlungen im Ghetto –, aber seine Mutter fand es zu teuer.

»Da weinte ich«, erinnert sich der erwachsene Mann.

»Und meine Mutter ließ sich erweichen und ich bekam das Buch.«

Weinte er, als er von der Ermordung seiner Mutter erfuhr?

»Nein. Ich erinnere mich sehr gut daran. Keiner von uns beiden weinte, weder mein Bruder noch ich. Wir redeten auch nicht darüber. Die Erwachsenen sagten es nicht direkt. Aber natürlich begriffen wir, dass unsere Mutter nicht an einer Krankheit gestorben war, sondern dass man sie ermordet hatte.«

»Kinder gehen mit der Realität anders um als Erwachsene. Natürlich habe ich Schreckliches gesehen. Vor der Bäckerei meiner Tante im Ghetto saß immer ein kleines Kind, eher ein kleines Skelett. Es bettelte auf Polnisch und Jiddisch: ›ein kleines Stück Brot, nur ein kleines Stück‹. Eines Tages war das Kind verschwunden, und mir war klar, dass es verhungert war.«

»Ein anderes Mal sah ich, wie Männer einen Mann zu Tode prügelten. Es dauerte lange, und ich sah die ganze Zeit zu. Ich sah alles. Aber ich sah es mit den Augen des Kindes, und Kinder haben keine festgefassten Vorstellungen, wie das Leben sein soll. Oder wie es auf keinen Fall sein darf. Wenn ich schreibe, geht es mir im Grunde darum, festzuhalten, wie das Kind, also der Junge Jerzy die Wirklichkeit erlebt. Das tue ich. Ich kann mich nur an die Zeit erinnern und von ihr schreiben, so wie ich sie erlebt habe.«

Aber wie lebt er heute, mehr als sechzig Jahre später, mit diesen Erinnerungen?

»Wie damals, wie der Elf-, Zwölfjährige, der ich damals war. Wenn ich anfinge, in den Bildern der Erinnerung zu blättern und sie mit den Augen des erwachsenen Mannes zu betrachten, könnte ich nicht überleben. Wenn ich mich erinnere und schreibe, bin ich auf sehr dünnem Eis unterwegs. Das Eis verträgt nicht mehr Gewicht als das eines leichten Kinderkörpers. Würde ich einmal, nur ein einziges Mal den Fuß mit dem Gewicht des Erwachsenen aufsetzen, würde ich durch das Eis brechen. Ich weiß, dass ich niemals wieder herauskäme.«

Als wir in unserem Gespräch an diesem Punkt angelangt sind, steht Uri Orlev auf, geht in die Küche und demonstriert mir seinen Dimmer. So dass ich die Rolle, die dieses Licht in seinem Leben spielte, verstehen kann.

20.3.2009

Ein Engel steht
neben dem Strohsack des Kindes
und wundert sich.
Nicht aber das Kind,
das legt einen Finger an die Lippen
und flüstert:
Du musst still sein!
Ich weiß es schon,
sie sind tot
und werden nie kommen,
um mich zu holen.

Aber ich will dich unter meinen Flügeln verstecken,
verspricht der Engel.
Da lächelt das Kind nachsichtig.
Willst du Versteck spielen?
Wie kindisch
von einem Engel.

Gedicht für meinen Sohn Simon

Heimweh.
Im palästinensischen Flüchtlingslager Deheishe

Die Sehnsucht, wieder zurückzugehen, ist groß. Hunderttausende palästinensischer Kinder wachsen als Flüchtlinge auf. Sie haben ihre Wurzeln in Dörfern und Städten, die auf einem Territorium liegen, das heute israelisch ist. Schon die Generation ihrer Großeltern flüchtete oder wurde aus den Gebieten vertrieben, die die jungen Flüchtlinge noch immer ihre Heimat nennen.

Die Kinder und Jugendlichen hier leben im Lager Deheishe. »50 Jahre im Zelt« hat jemand an eine Wand gekritzelt. Die meisten dieser Lager sehen aus wie irgendein verslumter arabischer Vorort. Viele der Flüchtlinge haben eine gute Ausbildung und leben in geordneten Verhältnissen.

Aber die Sehnsucht zurückzukehren ist groß. Und die Flüchtlingsfrage ist eines der schwersten Hindernisse auf dem Weg zum Frieden im Nahen Osten. Gestern Abend trafen sich die Nobelpreisträger Jassir Arafat und Schimon Peres in Gaza, um gut zwei Stunden lang ihre Verhandlungen fortzusetzen.

Die eine Frau ist jung und modern, sie trägt Jeans und hat rot lackierte Nägel. Die andere Frau könnte ihre Großmutter sein; sie trägt ein fußlanges, besticktes Kleid und ihre rauen Hände sprechen von jahrelanger harter Arbeit. Was sie vereint, ist der Traum von der Heimat. Und die Weigerung, jemals das »Recht, nach Palästina zurückzukehren« aufzugeben, in das verlorene Land. Das heute Israel ist.

Wafa Daud ist dreißig, Mutter von drei Kindern und lebt im Flüchtlingslager Deheishe, unmittelbar vor Bethlehem im Westjordanland, wo sie auch aufgewachsen ist.

Sie arbeitet im neu errichteten Freizeitzentrum. Aber wenn man sie fragt, woher sie kommt, antwortet sie ohne nachzudenken: »aus al-Burej«. Das ist ein Dorf in der Nähe von Beit

Shemesh, innerhalb der Grenzen Israels von 1967. Vor mehr als dreißig Jahren, ehe Wafa geboren wurde, flüchteten ihr Vater und seine Familie 1948 von dort, genauer, sie wurden von dort vertrieben. Ihre Mutter stammt aus einem anderen Dorf in der Gegend von Jerusalem, al Malcha. Wenn Wafa erklären will, wo das lag, sagt sie »Canyon, Canyon«. Und ganz richtig, nun weiß ich es.

Wafa spielt an auf das Einkaufszentrum, das an dem Ort errichtet wurde, wo das Dorf al Malcha lag, und das im Hebräischen Canyon genannt wird.

Unaufgefordert zeigt sie mir den Ausweis der UNWRA, der Organisation der Vereinten Nationen, die für die palästinensischen Flüchtlinge verantwortlich ist. Sie zeigt ihn mit einem Stolz, als handele es sich um eine Auszeichnung.

Mit dem gleichen Stolz demonstriert sie die hochmodernen Computer des Freizeitzentrums, wo die Jugendlichen im Internet surfen können, und führt mich zur Gästewohnung für Besucher und Freiwillige. In dieser Woche beherbergt das Lager Deheishe eine Gruppe junger Japaner. Sie können kein Arabisch und nur sehr wenig Englisch, sind aber voll guten Willens.

Wafa ist sich bewusst, dass sie im Moment im Blickpunkt des Weltinteresses steht und im Zentrum der politischen Ereignisse. Fernsehkameras drängen sich innerhalb des Lagers Deheishe. Unter den achttausend Einwohnern gibt es wohl nur wenige, die nicht interviewt oder wenigstens im Bild gezeigt worden sind.

Sie weiß, dass die Welt, mit Präsident Bill Clinton an der Spitze, mit Spannung auf die Antwort von ihr und von fast vier Millionen anderen palästinensischen Flüchtlingen auf den Friedensplan des Präsidenten wartet. Wird es ein Ja oder ein Nein?

Es wird ein dröhnendes NEIN.

»Die Israelis haben geglaubt«, erklärt Wafa, »die Generation der alten Flüchtlinge würde aussterben und die zweite und die dritte Generation würden ihre Heimat vergessen. Aber sie haben sich geirrt. Wir werden niemals auf unser Recht verzichten, dorthin zurückzukehren. Lieber lebe ich mit meinen Kindern dort in einer Hütte, als anderswo in einem Palast.« Sie versichert, sie wolle nicht »die Juden ins Meer treiben«.

Aber will sie wirklich unter ihnen in Israel, dem Staat der Juden, als Minorität leben, statt in einem freien und selbstständigen Palästina? »Ja«, antwortet sie.

»Ich nenne es Palästina, auch wenn die Welt es Israel nennt«.

Die ältere Frau hat sich nicht an unserem Gespräch beteiligt, sondern Kaffee gekocht. Ab und zu hat sie vor sich hin gemurmelt. Und meine Dolmetscherin erzählt mir später, dass sie Verwünschungen über »abu Amar«, Arafat, ausgesprochen habe. Sie hat ihn Verräter genannt und als Clintons Agent bezeichnet.

Die bittere Enttäuschung der Alten und die treue Standhaftigkeit der Jüngeren – Wafa bedeutet Treue – ist zu keinem geringen Teil die Frucht von fünfzig Jahren beharrlicher und erfolgreicher Indoktrinierung. Arabische und palästinensische Führer, aber auch viele ihrer Sympathisanten anderswo auf der Welt, waren für »das Recht der Palästinenser, zurückzukehren« bereit, bis zum letzten Palästinenser zu kämpfen.

Fünfzig Jahre lang ergab das ein Nullsummenspiel: Israel oder Palästina. Bestenfalls sollten einige, keinesfalls alle Juden in Palästina wohnen bleiben dürfen.

»Eben weil der Traum einer Rückkehr so unrealistisch war, konnte man ihn so lange mit solcher Intensität hegen und pflegen«, sagt ein junger, hochgebildeter palästinensischer Freund zu mir. »Jetzt sollen wir plötzlich zu einer realistischen Alternative Stellung beziehen: Ein palästinensischer Staat mit Ost-Jerusalem als Hauptstadt im Austausch gegen das Recht zurückzukehren (auf den Grund und Boden, der nun in Israel liegt, denn natürlich würde kein Palästinenser daran gehindert, in den palästinensischen Staat umzuziehen).«

»Wir sind alle verwirrt, alle meine Freunde und ich.«

»Aber«, fährt er fort, »in Wahrhcit haben die israelischen Zugeständnisse bei vielen auch neue Hoffnungen geweckt. Wer hätte gedacht, dass verschiedene israelische Premierminister einem ›Terroristenführer‹ wie Arafat die Hand schütteln würden, dass Israel einen palästinensischen Staat mit Ost-Jerusalem als Hauptstadt akzeptieren würde, dass man die Siedlungen räumen würde, jedenfalls im Prinzip, statt wie im Moment neue zu bauen. Wenn das alles möglich ist, dann ist ja vielleicht auch das Recht, zurückzukehren ...«

Er beendet den Satz nicht. Denn er weiß, dass hier die Schmerzgrenze verläuft, auch für die kompromissbereiten links orientierten Israelis. Eine Reihe von ihnen, darunter international bekannte Namen wie Amos Oz, A.B. Yehoshua, David Grossman und Meir Shalev, haben kürzlich einen offenen Brief an die Palästinenser publiziert. Dort wird ein Anteil Israels an der »al-Nakba«, der Katastrophe eingestanden, aber es heißt auch, »... wir werden nie auf die Rückkehr der Flüchtlinge nach Israel eingehen, denn das würde eine Vernichtung des Staates Israel beinhalten ... und dem Recht des israelischen Volks auf Selbstbestimmung widersprechen.

Dieses Recht bildet, zusammen mit dem Recht des palästinensischen Volks auf Selbstbestimmung, das grundlegende moralische Prinzip einer Übereinkunft zwischen unseren beiden Völkern.«

Klare Worte: Die Zuwanderung von Millionen von Palästinensern würde, im Licht der demographischen Realitäten, innerhalb eines überschaubaren Zeitraums den Staat der Juden in einen arabischen / palästinensischen Staat verwandeln – mit oder ohne eine jüdische Minorität.

Nun würde selbstverständlich ein bedeutender Teil der gut

vier Millionen von der UNWRA registrierten palästinensischen Flüchtlinge niemals in das Land ihrer Vorväter zurückkehren. Das gilt besonders für die anderthalb Millionen, die in Jordanien leben, wo sie als vollgültige Mitbürger anerkannt sowie im Parlament repräsentiert sind und in der Regierung führende Positionen innehaben. Sich außerdem in der Elite der Geschäftswelt und der freien Berufe finden. Sie »Flüchtlinge« zu nennen, führte zu falschen Schlüssen.

Eher sind sie Jordanier der zweiten und dritten Generation mit Wurzeln in Palästina. Dies hindert sie nicht daran, sich, genau wie amerikanische, südamerikanische und auch schwedische Bürger mit palästinensischer Abstammung, gefühlsmäßig stark mit der Heimat ihrer Vorväter verbunden zu fühlen. Allerdings würden sie kaum davon träumen, ihre Familie zu entwurzeln, um dorthin zurückzukehren.

Die erschreckende Kehrseite der Medaille ist die hoffnungslose Situation, in der sich über vierhunderttausend palästinensische Flüchtlinge im Libanon befinden. Gehasst und verachtet von moslemischen wie christlichen Libanesen gleichermaßen werden ihnen Bürgerrechte und Arbeitsgenehmigungen verweigert. Stattdessen importiert der Libanon eine halbe Million Gastarbeiter aus Syrien. Diese Situation wird sich nie ändern, denn die Libanesen werden den Palästinensern nie verzeihen, welche Rolle sie im libanesischen Bürgerkrieg gespielt haben und möchten die ungebetenen Gäste schnellstmöglich loswerden.

Im Westjordanland sind mindestens siebenhunderttausend palästinensische Flüchtlinge registriert und im Gazastreifen über eine Million. Ihre Lebensbedingungen sind höchst unterschiedlich. Viele von ihnen sind hochqualifiziert. Andere sind Kinder von Kleinbauern ohne Land und damit zu Tagelöhnern degradiert. Zwischen ihren palästinensischen Brüdern, den vornehmen alten Familien in den Dörfern und Städten im Gazastreifen und im Westjordanland haben die Flüchtlinge selten Wurzeln schlagen können. Aber es hat immer der Traum einer Rückkehr gegeben.

14.1.2001

Smadar, umgekommen bei einem Terrorangriff in der Ben Yehuda. Eine israelische Familiengeschichte

»Ich weiß noch, wie ich im Krankenhaus in meinem Bett lag und versuchte, die Mächte zu erweichen. Ich weiß, dass kein Sterblicher das Recht hat, so glücklich zu sein, wie ich es jetzt bin, dachte ich; das wird sich rächen. Früher oder später. Lasst es jetzt geschehen. Nehmt mir ein Bein, einen Arm, das wäre ein geringer Preis für das unvorstellbare Glück, das ich erlebe.«

Nurit Peled-Elchanan hatte gerade ihre lange ersehnte Tochter Smadar geboren und versuchte, mit dem Schicksal zu feilschen. Aber die Mächte ließen sich nicht erweichen, auch wenn sie sich Zeit ließen. Gut dreizehn Jahre.

Am 4. September 1997, zwei Wochen bevor Smadar 14 Jahre alt werden sollte, sprengten sich zwei palästinensische Selbstmordattentäter auf der Fußgängerstraße Ben Yehuda im Herzen Jerusalems in die Luft. Smadar war eines der fünf Todesopfer dieser Terrorattacke.

Der Ort und der Zeitpunkt der Tat waren sorgfältig gewählt. Es war der Tag nach Schulbeginn, und sehr viele Jugendliche hatten sich vor der bekannten Schulbuchhandlung auf der Ben Yehuda versammelt, um die neuen Schulbücher zu kaufen. Oder sie kamen in die Fußgängerstraße, um die gebrauchten, aber gut erhaltenen Schulbücher vom letzten Jahr zu verkaufen. Viele hatten vor, danach das Ende der Sommerferien in einem der Cafés auf der Ben Yehuda zu feiern.

Nicht nur der Ort und der Zeitpunkt versprachen eine reiche »Ernte« von Toten und Verletzten, auch die Methode, bei der zwei Selbstmordattentäter zusammenarbeiteten, hatte schon früher gute Ergebnisse erbracht. Minuten nachdem eine größere Menschenmenge zusammengeströmt war, um den Opfern des ersten Angriffs zu Hilfe zu kommen, löste der zweite Selbstmordattentäter seine Sprengladung.

So starben Smadar, ihre beste Freundin Siwan und zwei weitere Jugendliche. Daniella, eine andere Freundin, wurde so schwer verletzt, dass sie wohl nie mehr wie früher sein wird. Das fünfte Todesopfer war ein Erwachsener, der den zweiten Selbstmordattentäter entdeckt und sich auf einen der übrigen Jugendlichen geworfen hatte, um ein Mädchen mit seinem Körper zu schützen.

Einige Monate später stand Nurit, die Mutter der getöteten Smadar, in New York zwischen den israelischen und palästinensischen Demonstranten auf dem Dag Hammarskjöld-Platz vor dem Gebäude der Vereinten Nationen. Sie führten eintausendfünfhundert Särge mit sich, die sie in israelische und palästinensische Flaggen gehüllt hatten. Die Demonstration galt dem Gedenken der Opfer des fast zwei Jahre währenden Blutvergießens in Israel und den besetzten Gebieten.

Israelis und Palästinenser, die alle mindestens einen geliebten Menschen verloren haben, meistens ein Kind, und die danach eine gemeinsame Front gegen Hass und Gewalt bilden, die täglich neue Opfer fordern – wie ist das möglich?

Nurit Peled und ihr Mann Rami Elchanan sehen keine andere Möglichkeit. Sie sind keine »empfindsamen Herzen«, wie aktive Friedenskämpfer und Linke verächtlich von ihren Gegnern genannt werden. Sie betreiben auch keine Form von Selbsttherapie: Ihre Trauer und ihr Schmerz lassen sich nicht wegtherapieren.

»Als ich meine Tochter verlor, verlor ich eine ganze Welt«, sagte Rami still und unpathetisch. »Sicher haben wir auch drei wunderbare Söhne. Aber jedes deiner Kinder bedeutet die ganze Welt: verlierst du eines, verlierst du eine ganze Welt.«

Zwei ihrer Söhne studieren im Ausland. Der jüngste, Jigal, der bald zehn wird, nimmt an den Aktivitäten seiner Eltern in einer erstaunlich bewussten und artikulierten Weise teil – wenn er nicht Karate trainiert, Bilder malt oder sich einem anderen seiner vielen Hobbys widmet.

»Zum Teil tun wir das hier um unserer Kinder willen«, sagt Nurit. »Wenn Jigal zwanzig wird, muss er nicht fragen: ›Was habt ihr damals getan? Was habt ihr in den Jahren der Besatzung, der Ungerechtigkeiten und der Unterdrückung getan?‹ Er weiß, was wir getan haben, wir haben es gemeinsam mit ihm gemacht. Auch Smadar war dabei.«

Smadars Vater Rami nimmt ein Foto aus der Brieftasche. Ich sehe Smadar, damals etwa zehn Jahre alt, auf einer Demonstration der »Frauen in Schwarz«. Stolz hält sie auf dem Foto ihr schwarzes Plakat in die Höhe, geformt wie die Hand der Fatima, der moslemische Talisman. Die weiße Aufschrift fordert: Stoppt die Besatzung!

»Als wir an dem Tag nach Hause kamen«, erinnert sich Rami, »fragte sie mich: Vater, was bedeutet Lesbe?« Das war eines der milderen Schimpfworte, die man den schwarz gekleideten Frauen nachrief, die sich freitags auf einem Platz mitten in Jerusalem versammelten.

Später, als Rami bei einer kleineren Demonstration Angehöriger von Terroropfern ein Plakat mit dem vergrößerten Foto Smadars hoch hielt, zischte ihm ein Mann zu: »Nur schade, dass du nicht mit ihr explodiert bist!«

Wie schaffen es Nurit, Rami und Gleichgesinnte in dem herrschenden Klima von Hass und Rachsucht – auf beiden Seiten – ihren Kampf fortzusetzen? Schräg gegenüber des üblichen Platzes von Demonstrationen, vor der Residenz des Premierministers, liegen die Ruinen des Cafés Moment. Bis vor zwei Monaten war dies ein beliebter Treffpunkt für die Jugendlichen des Viertels.

Einige von ihnen gingen immer dorthin, nachdem sie an den Freitagsdemonstrationen auf der anderen Straßenseite teilgenommen hatten. Samstagabends war es vollbesetzt. So auch am 9. März, als ein Selbstmordattentäter elf junge Menschen mit sich in den Tod riss.

Ich denke an Nurits Worte. In diesem Land, in dieser Zeit werden alle existentiellen Fragen von Leben und Tod, Moral und Schuld so unerhört augenfällig. Die Einschätzung, dass es auf diese Fragen keine einfachen Antworten gibt, weist sie mit Verve zurück.

»Die, die an der Macht sind und ihre Macht benutzen, um seit bald fünfunddreißig Jahren ein anderes Volk zu unterdrücken und zu demütigen, die sind schuld am Tod meiner Tochter«, erklärt sie und ihre Finger spielen mit einem kleinen Amulett, das sie um den Hals trägt.

Ein Freund der Familie hat es in jener Nacht gefertigt, als sie die Nachricht von Smadars Tod erhielten. Ihr Name, Smadar, steht unter der geöffneten Paradiespforte, die sich für sie geöffnet hat. Da legt Jigal, neuneinhalb Jahre alt – er legt Wert darauf, dass er weder neun noch zehn ist – seiner Mutter die Hand auf den Arm und protestiert liebevoll.

»Das stimmt nicht, was du gesagt hast. Dass nur wir Israelis Schuld haben.«

Seine Mutter scheint für die Berichtigung dankbar zu sein. Natürlich wissen Nurit und Rami, dass sie in ihrem Kampf Gegenwind haben. Eine andere, um ein Vielfaches größere Organisation, die ebenfalls nahe Angehörige von Terroropfern vertritt, versäumt keine Gelegenheit, mit brennendem Hass von den »palästinensischen Terroristen« zu sprechen.

Friedensbereite Palästinenser scheinen in ihrem Bild von der Welt und der Wirklichkeit nicht zu existieren, und schon gar nicht palästinensische Opfer israelischer Gewalt. Sie glauben, Gott sei auf ihrer Seite: Der Herr gab dem jüdischen Volk das ganze Land vom Meer bis zum Jordan als ewiges Erbe. Wenn sich die Palästinenser dann gegen den Willen des Herrn und seine irdischen Stellvertreter erheben – umso schlimmer für sie.

»Ja, ich weiß«, gibt Rami zu, »wir versuchen mit einem Teelöffel das Meer auszuschöpfen. Aber ich kann nicht stillschweigend zusehen, wie mein Volk, von Blindheit geschlagen, immer tiefer in das Tal der Todesschatten getrieben wird.«

Nach dem Krieg 1973, dem Yom-Kippur-Krieg, kamen nur drei der elf Panzer von Ramis Einheit zurück. Da gab er sich selbst das Versprechen, nie mehr etwas mit Politik zu tun zu haben. Jetzt zieht er mit Landkarten und Fakten bewaffnet durch israelische Schulen, um die Jugendlichen der Abschlussklassen – die oftmals schon ihre Einberufung in der Tasche haben – zu überzeugen, dass es keine militärische Lösung für den israelisch-palästinensischen Konflikt gibt.

Es gibt nur eine einzige Garantie für das Überleben, und die steht im Programm der Friedensbewegung: Zwei Staaten für zwei Völker, beide frei und innerhalb anerkannter und gesicherter Grenzen. Sagt Rami den Schülern.

Smadar liegt auf der Begräbnisstätte des Kibbuz Nachschon neben ihrem Großvater. Er hieß Matti Peled und schrieb in mehrfacher Hinsicht israelische Geschichte. Im Krieg 1967 war er Berufssoldat und gehörte dem Generalstab an. Später sattelte er um und studierte an der Universität von Jerusalem arabische Literatur.

Außerdem gründete er eine Partei, die israelische Juden und arabische Israelis im Parlament repräsentiert. 1983 löste er einen politischen Skandal aus, indem er Jassir Arafat traf, was zu dem Zeitpunkt eine Straftat war. Bei seiner Beisetzung 1995 standen seine israelisch-arabischen und palästinensischen Freunde Seite an Seite mit Israels Präsident Ezer Weizman. Und mit Yitzhak Rabin, dem Premierminister des Landes. Und mit General Ariel Scharon, dem gegenwärtigen Premierminister Israels.

Sie alle konnten, jeder auf seine Weise, Matti Peled für sich beanspruchen.

Indem nun seine Tochter und sein Schwiegersohn Matti

Peleds Werk fortsetzen, gestalten sie eine weitere der vielen Facetten von Israels Geschichte.

11.5.2002

Wo Kinder schlecht träumen

»Gute Nacht. Schlaf gut. Träum was Schönes.« Jeden Abend die gleichen Worte, wenn man die Decke um die Kinder feststeckt, vielen Eltern kommen diese Worte bekannt vor. Vielleicht sagen palästinensische Mütter in den besetzten Gebieten ihren Kindern abends etwas Ähnliches. Weil aber die Träume, besonders die der Kinder, sich aus deren jeweiliger Realität speisen, sind die Träume palästinensischer Kinder ganz anders als die gleichaltriger schwedischer Kinder. Sicher können auch schwedische und deutsche Kinder von schrecklichen Monstern träumen und von feuerspeienden Drachen. Aber am nächsten Morgen versichern wir ihnen, dass es diese furchterregenden Geschöpfe nur in Märchenbüchern gibt, nicht aber in der Wirklichkeit. Die Kinder können sich wieder sicher und geborgen fühlen.

Von den Träumen, die Dr. Shafik Masalha bei palästinensischen Zehn- bis Elfjährigen gesammelt hat, weisen etwa achtzig Prozent ein gewaltsames und blutiges politisches Motiv auf. Das Monster sind hier israelische Soldaten und Siedler, die Kinder jagen, und der feuerspeiende Drache ist ein F16-Kampfbomber oder ein bewaffneter Hubschrauber, dessen Raketen Kinder töten. Niemand kann ihnen Trost spenden und sagen, dies sei nur ein Traum gewesen. Denn das ist die Realität, in der die Kinder leben.

»Auch wenn die Träume mit etwas Normalem anfangen, verändern sie sich schnell hin zu einem Traum von Gewalt und Furcht«, erläutert Dr. Masalha. »Ein zehnjähriges Mädchen träumt, dass die Schulklasse einen Ausflug macht. Aber als die Kinder den Hügel erreichen, wo sie picknicken wollen, kommt eine Gruppe israelischer Soldaten und nimmt sie fest.«

Dr. Masalha, 45, ist der erste israelische Araber mit einer Ausbildung zum klinischen Psychologen. Heute hält er Vorlesungen an der israelischen Universität und behandelt Patienten in seiner Klinik im östlichen, dem arabischen Teil von Jerusalem. Vor etwa zehn Jahren, während der Ersten Intifada, dem palästinensischen Aufstand in den besetzten Gebieten, begann er das Forschungsprojekt zu den Träumen palästinensischer Kinder. Mit der Zweiten Intifada, also seit bald schon einem Jahr, griff Dr. Masalha das Projekt wieder auf. Einige seiner jüdisch-israelischen Studenten bearbeiten jetzt die gesammelten Daten.

»Schon jetzt kann man sagen, dass es in den Träumen der Kinder zwischen damals und heute offensichtliche Unterschiede gibt«, sagt er. »Während der Ersten Intifada waren die Kinder in ihren Träumen viel aktiver im Kampf gegen die Besatzungsmacht. Damals bestanden die Waffen vor allem aus Steinen, die sie mit Katapulten schleuderten. Jetzt besitzen beide Seiten Feuerwaffen, und die Israelis setzen Panzer und Kampfflugzeuge ein. Dagegen sind die Palästinenser machtlos. Die Träume sind jetzt viel dunkler, hoffnungsloser. Der einzige »positive« Ausweg aus dem Elend, den die Kinder sehen können, ist der, ein Schahid, ein »Märtyrer« zu werden. Denn wer in der al-Aqsa-Intifada, dem Befreiungskrieg stirbt, gelangt sofort ins Paradies, wo »das Leben wundervoll« ist, wie ein Zehnjähriger es ausdrückte.

15 Prozent der 300 untersuchten Träume von 150 zehn- bis elfjährigen Mädchen und Jungen handelten vom Glück, Schahid oder Schahida – das ist die feminine Form – geworden zu sein. Ein Viertel dieser »Wunschträume« kam von Mädchen.

Der elfjährige Mohamed aus Bethlehem träumte, er ginge mit seiner Mutter eine Straße entlang, da griffen israelische Panzer und Hubschrauber an. »Wir wurden alle getötet und wurden *shahid*. Als ich aufwachte, betete ich zu Allah, er möge diesen Traum wahr werden lassen«, vertraut Mohamed dem Schreibheft an, das er bekommen hat, um seine Träume aufzuschreiben. (Schahid wird sowohl wer bei einem israelischen Angriff getötet wird, als auch wer – wie es heißt – »im aktiven Kampf gegen die Besatzer« fällt.)

Die elfjährige Ayat träumte, sie habe sich einen Bombengürtel unter dem Kleid befestigt und sei an einem Tag in West-Jerusalem auf den Markt gegangen, als sich dort besonders viele Menschen aufhielten. »Ich zählte bis zehn und sprengte mich selbst und alle Juden in die Luft«, schreibt Ayat stolz in ihr »Traumheft«.

»Eine ganze Generation palästinensischer Kinder wächst in tiefem Misstrauen gegenüber der Welt und ihren Absichten heran«, hebt Dr. Masalha hervor. »Sie sehen sich selbst als Opfer und meinen, das Leben sei nicht lebenswert. Sie wissen, dass ihre Eltern sie nicht schützen können, dass auch die Eltern hilflose Opfer sind. Sie haben erlebt, wie ihre Väter an den Straßensperren von Soldaten gedemütigt wurden und nicht aufmucken durften. Ihre Helden und ihre Rollenmodelle sind die Märtyrer, die Selbstmordattentäter, die überall im Gazastreifen und im Westjordanland verehrt werden.«

Klar doch, denke ich, als ich ihm zuhöre, noch können die Kinder nur in ihren Träumen Selbstmordattentäter sein. Aber in zehn Jahren werden einige von ihnen vielleicht ihre Träume in die Tat umsetzen. Sofern sich ihre Lebenssituation nicht von Grund auf verändert. Derzeit scheint das wenig wahrscheinlich.

»Auch im besten Fall wird das lange Zeit in Anspruch nehmen«, kommentiert Dr. Masalha. »Es bedarf großer Anstrengungen, um in diesen zutiefst traumatisierten Kindern wieder Zutrauen zu einem sinnvollen Leben zu wecken, und je länger es dauert, desto größer ist der Schaden an den Kindern.«

Beinahe wie eine ironische Fußnote klingt es, als er von einer absurden Situation berichtet, in die er geriet, als eine seiner kleinen Patientinnen ihn aus Ramallah anrief. Dort hatten israelische Raketen einige der Polizeiwachen der Stadt angegriffen, da aus diesem Gebiet unter palästinensischer Selbstverwaltung eine israelische Siedlung verschiedentlich beschossen worden war.

»Das Mädchen hatte panische Angst, es war ganz hysterisch«, erinnert sich der Psychologe. »Ich versuchte es zu beruhigen, indem ich ihm versicherte, dass die israelischen Piloten doch berühmt seien für ihre Treffsicherheit, ›surgical strikes‹ nennt man das. Ihre Bombenangriffe richten sich ganz gezielt auf militärische Objekte. Und weil sie so tüchtig sind, treffen sie ihre Ziele auf den Millimeter genau, versprach ich dem Mädchen«, endet Dr. Masalha und lächelt etwas verlegen.

2.9.2001

Wenn keiner weiterweiß
Zwei Staaten für zwei Völker

Ein deutscher Buchtitel ist mir im Gedächtnis geblieben: »Und keiner weiß weiter«. Niemand sieht einen Ausweg. Man steckt in einer Einbahnstraße fest. Rückwärts fahren geht nicht. Vorn sperrt eine Brandmauer die Straße ab. Nein – das Bild ist falsch: Diese Mauer hält keinen Brand auf.

Der Wind aus dem Osten muss bloß ein paar Funken im Unterholz erfassen und schon ist ein neuer Feuersturm entfacht.

»Schutzschild« ist der Deckname für die derzeitige israelische Okkupation in den besetzten Gebieten. Soll das ein Witz sein? In letzter Zeit glich sie mehr der Mauer, vor der die Exekutionspatrouille ihre mit Augenbinden versehenen Opfer aufreiht. Nein, ich spreche nicht von den Palästinensern, dieses Mal nicht.

Ich spreche von achtzehn- bis neunzehnjährigen Jungen und Erwachsenen im israelischen Reservedienst mit Familie und Beruf. Ihre Körper sollen ein »Schutzschild« bilden, hinter der sich die »Heimatfront« sicher und geborgen um die Kaffeetafel im frühlingshaften Garten versammeln kann. Wie Premierminister Ariel Scharon es so oft und gern wiederholt: »Dieser Krieg wird zur Verteidigung unserer Heimat ausgefochten.«

Es ist weise, dass er nicht von den Gärten spricht. Denn die Mehrheit der Israelis, besonders diejenigen, die in den so genannten »Entwicklungsstädten« leben, in denen sich nichts als Arbeitslosigkeit und Armut entwickelt hat, besitzen keine privaten Gärten.

Aber natürlich stimmt, was der Premierminister sagt: wenn junge Israelis und Männer mittleren Alters im Flüchtlingslager von Jenin oder der Kasbah von Nablus sterben, dann tun sie das bei der Verteidigung »unserer Heimat« – in Scharons Deutung. Bei der Verteidigung aller dieser kleinen Gruppen von Bungalows, deren grellrote Ziegeldächer ihren totalen Mangel an Heimatrecht im braun-grün-grauen Silberschimmer der Olivenhaine verkünden.

Natürlich kann Scharon mit Recht die Siedlungen »unser Zuhause« nennen. Schließlich hat er in verschiedenen Perioden auf den Korridoren der Macht für die meisten von ihnen Pate gestanden. Der große Militärstratege Scharon hat sie auf jedem Hügel, den er erreichen konnte, über das Westjordanland verstreut. Hier sollten sie Israels Augen und Ohren sein und die erste Verteidigungslinie, wenn die Hunnen, Verzeihung, die Palästinenser das arme wehrlose Rest-Israel überfielen.

Natürlich weiß Scharon, dass dies Blödsinn ist. Er weiß, dass die Bewohner der kleinen isolierten Siedlungen – von denen die meisten Kinder sind – nicht die geringste Chance haben, sich selbst zu verteidigen und schon gar nicht andere. Bei Kriegsgefahr sind die Siedler nur eine Belastung. Was sich beim Überraschungskrieg 1973 herausstellte, als die Armee kostbare Zeit dafür aufwenden musste, die Siedler auf den Golanhöhen zu evakuieren, ehe die Soldaten gegen die angreifenden Syrer vorgehen konnten. Warum also weigert sich Scharon, auch nur eines von diesen seinen kostbaren »Patenkindern« aufzugeben?

Sie könnten doch heim nach Israel ziehen, nach Galiläa oder in die Negevwüste, dort gibt es viel Platz. Und in der Negevwüste könnten sie außerdem Ben Gurions alten Traum verwirklichen, die »Wüste zum Blühen« zu bringen – vielleicht nicht durch Orangenanbau, aber mit Hilfe von lukrativerem High Tech.

Ich habe keine Antwort auf diese Frage.

Vielleicht ist es für alte Generäle immer schwer, Land für Frieden aufzugeben (obwohl – de Gaulle konnte es doch). Vielleicht wird es noch schwerer, wenn man jahrelang mit Generalstabskarten unter dem Arm über die Hügel des Westjordanlands gerollt ist und zu Besuch weilenden Würdenträgern erklärt hat, warum Israel unbedingt an dieser architektonischen Disneylandbebauung festhalten muss.

»Ich habe mich geirrt«, ist vielleicht am schwersten zuzugeben, wenn die eigenen Irrtümer – oder Größenwahn – Hunderte der eigenen Mitbürger das Leben gekostet haben. Ganz zu schweigen von den Tausenden von Libanesen und Palästinensern, die für Scharons megalomane Visionen mit dem Leben bezahlt haben.

Der Libanonkrieg von 1982, dessen Architekt Ariel Scharon hieß, und dessen Deckname »Frieden für Galiläa« lautete, muss in diesem Zusammenhang auch erwähnt werden. Damals hatte Scharon vor, innerhalb von achtundvierzig Stunden »die Infrastruktur des palästinensischen Terrors« mit der Wurzel auszureißen (wirkt die Formulierung bekannt?). Und nebenbei eine Israel-freundliche Regierung in Beirut zu installieren, sowie – und das war das Hauptziel – Israels Herrschaft über das Westjordanland für alle Zeit sicherzustellen.

Wir wissen, wie es ausging. Warum? Im Namen von Gottes Barmherzigkeit, warum? Ich weiß, dass Scharon nicht im traditionellen jüdischen Sinn religiös ist. Das hindert ihn jedoch nicht daran, von historischen/messianischen Größenphantasien besessen gewesen zu sein und immer noch zu sein.

Was damit gemeint ist, formulierte kürzlich glänzend Danny Ayalon, ein Mann mittleren Alters, der zum Außenministerium gehört, aber als persönlicher Berater Scharons an die Kanzlei des Premierministers ausgeliehen wurde.

Bei einem Fernsehinterview mit CNN sprach ein Journalist von den »besetzten Gebieten«. Das hätte er nicht tun sollen. Ein gestrenger Danny Ayalon belehrte den Unwissenden: »Wir sind keine Besatzer. Dieses Land wurde uns von Gott gegeben. Das Gebiet, von dem Sie sprechen, ist der Geburtsort der israelischen Nation. Hier entstand unsere Nation vor mehr als 4000 Jahren: deshalb sind wir keine Okkupanten.«

Später ergänzte er noch: »Ich glaube nicht, dass ein anderes Volk auf der Welt gewillt wäre, einen Teil des Landes seiner Ahnen aufzugeben.«

Scharon hätte es nicht besser ausdrücken können.

Nun kann man natürlich einwenden, dass ich keine israelische Staatsangehörige bin und somit auch kein Recht habe, mich in dieser Frage zu äußern. Das, wovon Scharon & Co sprechen, ist nicht »Wiege und Geburtsort meiner Nation«. Dennoch erhebe ich Anspruch darauf, zum jüdischen Volk zu gehören. Meine Identifikation mit diesem Volk und seiner Geschichte hat ihre Wurzeln nicht in Judäa und Samaria (Westjordanland), sondern in Auschwitz.

Normalerweise vermeide ich, mich darauf zu berufen, dass ich eine »graduate of Auschwitz« bin, wie man das genannt hat. Aber in diesem Fall scheint es mir von einer gewissen Bedeutung zu sein.

Und zwar deshalb, um nicht unnötigerweise beschuldigt zu werden, Antisemitin zu sein oder eine Jüdin voller Selbsthass. Aber auch, und nicht zuletzt, weil sich unter Israels Kritikern und Gegnern in der letzten Zeit eine unanständige Tendenz zeigt, Parallelen zu ziehen zwischen Widerwärtigkeiten, die in den besetzten Gebieten passieren, und den, nicht nur in den Vernichtungslagern wie Auschwitz, sondern auch in »ganz gewöhnlichen« Konzentrationslagern systematisch ausgeübten Verbrechen.

Ich weiß das, denn ich besitze von beiden Orten Erfahrungen aus erster Hand.

Zum Einen als Journalistin vor Ort unter den Palästinensern.

Zum Anderen als von der Vernichtung bedrohte Gefangene in Nazideutschland.

»Und keiner weiß weiter...« Ich habe nun seit Jahrzehnten in diesem Land und unter diesen Menschen gelebt, und ich teile ihre Verzweiflung, Angst und Verwirrung. Nicht zuletzt hier in Jerusalem leben einige der mir am nächsten stehenden Menschen. Was passiert mit dem Freund, der kürzlich als Reservist zum Wehrdienst in Jenin eingezogen wurde? Wann wird sich meine Freundin wieder trauen, ihre Kinder mit dem Bus fahren zu lassen, statt mit dem Taxi – für das sie eigentlich kein Geld hat?

Ein Teil der Israelis, aber bei weitem nicht alle, verschaffen sich Erleichterung von dem Druck und geben die Schuld an ihrem Elend weiter, indem sie ihre Wut ausschließlich auf die Palästinenser im Allgemeinen und Arafat im Besonderen richten, denen sie die alleinige Schuld zuweisen. Obwohl ich mich frage, ob nicht die meisten im Innern wissen, dass es nur eine Möglichkeit gibt, sich aus diesem Todestanz zu befreien, der Israelis und Palästinenser eisern im Griff hält. Denn das Ziel wurde vor mehr als zwanzig Jahren von den israelischen Friedensaktivisten formuliert. Zwei Staaten für zwei Völker.

Die Tragödie liegt darin, dass der gegenwärtige Premierminister eine solche Lösung auf keinen Fall will. Und dass viel zu viele Israelis, nicht zuletzt nach dem schrecklichen palästinensischen Terrorakt im letzten Monat, sich von dem absurden Gedanken haben überzeugen lassen, dass ein freies und selbstständiges Palästina für den israelischen Staat eine »tödliche Bedrohung« darstellen würde.

14.4.2002

IV

Fühlen und Denken

Die Alten und die Jungen

Die Unterdrückung der Palästinenser durch die israelische Besatzung wird zunehmend brutaler. Die Folge davon kann nicht anders aussehen, als dass die Extremisten unter den Palästinensern Morgenluft wittern. Und dass wiederum völlig unschuldige israelische Männer, Frauen und Kinder ihre Opfer werden.

Gleichzeitig ziehen sich über uns die Kriegswolken zusammen. Und die Palästinenser fürchten – zu Recht –, dass sie bei einem möglichen bewaffneten Konflikt zwischen den USA und dem Irak ganz und gar in Vergessenheit geraten. Die Israelis ihrerseits tauschen ihre Gasmasken vom vorigen Golfkrieg gegen neuere Modelle aus. Und es wird erwogen, die Bevölkerung gegen Pocken impfen zu lassen, als Sicherheitsmaßnahme, falls Saddam Hussein, in die Ecke gedrängt, beabsichtigen sollte, sich aus der Geschichte zu verabschieden, indem er ein paar Raketen mit chemischen oder biologischen Sprengköpfen in Richtung Israel schickt.

Man kann schon durch Geringeres von verzweifelter Hoffnungslosigkeit überwältigt werden oder auch nur deprimiert sein. Aber wenn ich mich aus meiner katholischen Kindheit richtig erinnere, ist Verzweiflung doch eine Todsünde. Und Kafka, der eine Menge vom lähmenden Gift der Verzweiflung wusste, schrieb: »Nur nicht verzweifeln, nur nicht verzweifeln, auch nicht darüber, dass man nicht verzweifelt.« Es passte mir also ziemlich gut, dass ich im Fackelzug der Bewegung »Peace Now« auf dem Weg zum offiziellen Sitz des Premierministers im Herzen Jerusalems gelandet war.

Hier war nichts von Verzweiflung zu spüren. Und wenn es sie doch gab, wurde sie von den trotzigen Rufen »Frieden jetzt!« und »Schluss mit der Okkupation!« übertönt. Die Polizei bemühte sich nach Kräften, die Gegendemonstranten in Schach zu halten.

Das war Jerusalem, eine Stadt, die von den Nationalisten und Rechtsextremisten dominiert wird. Sie machten sich während des Demonstrationszugs lautstark bemerkbar. »Tod den Arabern, Tod den Arabern!« schallten ihre Rufe von einigen Balkons. Ein anderes schlagendes Argument gegen die Forderung nach Frieden war ihnen offenbar nicht eingefallen.

Ich betrachtete die Gesichter der Menschen im Demonstrationszug. Irgendetwas war sonderbar, aber was? Natürlich repräsentierten diese Menschen das, was »Das andere Israel« genannt wird. Aber da war noch etwas. Dann auf einmal war es mir klar: Das Sonderbare war die Altersstruktur.

Hier gab es viele ältere, darunter sehr alte Menschen, die es kaum schafften, mitzuhalten, obwohl sich der Zug nur sehr langsam bewegte. Die gehörten zur Generation derer, die gewöhnlich als »die Pioniere« bezeichnet werden. Die Generation, die das Land aufbaute. Die heute feststellen muss, dass man ihren zionistischen Traum verraten und geschändet hat. Sie wissen, dass die Freiheit unteilbar ist. Und dass man nicht seine eigene Freiheit als Volk und Nation fordern kann, gleichzeitig aber einem anderen Volk die nationale Identität verweigern kann. Es war so unübersehbar, dass sie trauerten.

Und dann waren da die sehr jungen Menschen, beseelt vom Idealismus der Jugend und einer Überzeugung jenseits aller Zweifel. Die Jungen, die sich als die wahren Patrioten betrachten. Die bereit sind, für ihr Land zu sterben, die aber nicht an der Unterdrückung eines anderen Volks beteiligt sein wollen.

Was im großen Ganzen fehlte, waren Menschen mittleren Alters. Sicher gab es einige. Da war zum Beispiel eine junge Familie. Der Vater trug das Jüngste auf den Schultern, und die Mutter hielt das ältere Kind, das stolz eine große israelische Fahne schwenkte, an der Hand. Aber insgesamt war diese Altersgruppe äußerst sparsam vertreten.

Ich weiß nicht, was dahinter steckt. Aber vielleicht liegt darin Hoffnung: Die Alten mit ihren verratenen Idealen fassen die Jungen mit ihren unverbrauchten Idealen und ihrer Überzeugung, dass alles möglich ist, an der Hand. Ja, vielleicht kann man es so interpretieren.

31.10.2002

Die Frau am Schalter

Unter den Menschen in Israel gibt es, im Guten wie im Schlechten, eine Nähe, eine Intimität, die man manchmal als zudringlich empfinden kann, als Eingriff in die Privatsphäre. Bei anderer Gelegenheit ist man, bin ich eher geneigt, die gute Absicht dahinter zu schätzen, und kann davon absehen, dass sie taktlos daherkommt.

So verhalten sich heutzutage in erster Linie Menschen der nicht mehr ganz jungen Generationen. Ich glaube, die kulturellen Wurzeln für dieses Verhaltensmuster lassen sich sowohl im Jischuw, dem israelischen Gemeinwesen vor der Staatsgründung, als auch in der Schtetl-Mentalität finden, jener über Jahrhunderte vorherrschenden Lebensform in den jüdischen Dörfern und Kleinstädten Osteuropas, die nun alle vernichtet sind.

Hier fallen zwei historische Perspektiven zusammen, eine sehr kurze und eine sehr lange. Lassen Sie mich an einem Beispiel schildern, was bei diesem außergewöhnlichen Gebräu herauskommen kann.

Beim letzten Besuch bei meiner früheren Bankbetreuerin – ich habe mehr als eine kommen und gehen sehen – fragte sie, wie es mir ginge. Sie wirkte besorgt.

»Danke der Nachfrage, ausgezeichnet, abgesehen von der Hitze.«

»Nun«, erklärte sie in aller Unschuld, »ich war etwas beunruhigt, weil ich gesehen habe, dass du einige Schecks für Doktor X im Hadassa-Krankenhaus ausgestellt hast.«

Wieso sie diese Schecks gesehen hatte, weiß ich nicht. Jedenfalls nicht, weil ich mein Konto überzogen hatte, das tun alle, und den Menschen, die der Bank bekannt sind und / oder über ein festes Einkommen verfügen, räumen die Banken einen enormen Kredit ein, bevor sie sich rühren. Auch das ist typisch für die israelische Lebensart.

Ja, musste ich zugeben, ich hatte den genannten Arzt aufgesucht, aber jetzt sei alles in Ordnung. (Stellen Sie sich vor, der Arzt wäre ein bekannter Aids-Spezialist gewesen!) Die nette Bankbetreuerin strahlte und sagte, wie erwartet: »baruch ha Shem« – ungefähr »Gott sei Dank«. Diese Frau, sie ist um die fünfzig, tritt in mehr als einer Hinsicht in die Fußstapfen ihrer osteuropäischen, religiös-orthodoxen Vorfahren.

Wie jene verbirgt sie ihr Haar unter einer Perücke. Kein anderer als ihr Ehemann darf einen Schimmer von ihrem Haar sehen, dem »schönsten Schmuck der Frau«. Sie ist stets ordentlich und gut gekleidet, allerdings wären lange Hosen und eine kurzärmelige Bluse undenkbar. Und wie Generationen von Frauen vor ihr kümmert sie sich. Die Fürsorge der Frauen für die eigene Familie und die Familien der anderen half, das unbarmherzig harte Leben und die Armut im Schtetl zu bewältigen.

Dieses Leben darf man nicht mit Sentimentalität betrachten, es hatte mit Sicherheit seine Kehrseiten. Aber dass man füreinander sorgte, dass man den Trauernden Essen brachte und die Wöchnerinnen und ihre Familien mit versorgte, das war auch Überlebensstrategie.

Ich weiß, dass meine Bankbetreuerin nicht aus purer Neugier nach meinem Ergehen fragte, sie wollte es wirklich wissen und mir vielleicht einen guten Rat geben. Lange ehe Großbritannien, die damalige Besatzungsmacht Palästinas, die Flagge einholte, gab es dieses Gefühl der Zusammengehörigkeit auch unter denen, die ein jüdisches Gemeinwesen aufbauten, das Bestand hatte, den Jischuw. Den Menschen, die innerhalb weniger Jahrzehnte eine funktionierende, säkulare Gesellschaft aufbauen wollten, mit eigenen Schulen, Gewerkschaften, Krankenhäusern, politischen Parteien und so weiter. Diese Menschen mussten unverbrüchlich loyal und solidarisch sein.

Auch die »Pioniere«, wie sie genannt werden, sollte man nicht mit Sentimentalität betrachten. Vielleicht war es nur eine Minderheit, die ihren Lebensstil gemäß der spartanischen Ideologie einrichtete und die nach der Maxime lebte: »Jeder nach seinen Fähigkeiten – jedem nach seinen Bedürfnissen.« Jedoch gab diese Minorität dem israelischen Staatsgefüge seine Prägung. Welche sich, wie die meisten finden, die damals dabei waren, inzwischen nach und nach verliert.

Nutzen für das Gemeinwesen ist durch Eigennutz ersetzt worden, die Kluft zwischen den Klassen wächst, und die Solidarität, das Gemeinschaftsgefühl – daran erinnern sich die Alten, wenn sie sich am Unabhängigkeitstag ums Lagerfeuer versammeln.

18.9.2003

Das Warten

Liebe, Eifersucht, Hass, Tod und Trauer, das sind die »Elemente« der Literatur. Aber ich finde, in unser aller Leben gibt es ein Element, das von dieser sträflich vernachlässigt worden ist: das Warten.

Im Guten wie im Schlechten verbringen wir viel Zeit unseres Lebens mit Warten. Ich weiß schon, eines der unsterblichen Meisterwerke der Literatur ist Samuel Becketts Stück »Warten auf Godot«. Das handelt vom Warten. Aber nicht wirklich in der Weise, die ich hier meine.

Das Warten, dieser wache Alptraum, von dem ich ein Teil bin.

Wach liegen und auf die Geräusche von der Straße lauschen. Ist das einer der Lastwagen, mit grauer Plane bedeckt, der seinen Teil der Ernte einsammelt? Es sind nicht mehr viele Juden übrig in Berlin, und irgendwann muss die Reihe an uns sein. Ist es jetzt soweit?

Die den Stalinterror überlebt haben, erkennen diese Art des Wartens wieder. Allerdings wartete man in Moskau auf die schwarzen Autos des KGB. Und wenn man Glück hatte, konnte einem der beste Moment seines Lebens widerfahren. Wie dem Mann in folgender Geschichte:

Es hämmert um zwei Uhr nachts an der Tür, die Erntezeit des KGB. Zitternd, mit Angstschweiß auf der Stirn, öffnet der Mann die Tür.

»Wohnt hier Iwan Iwanowitsch?«, fragt der im Ledermantel.

»Nein«, antwortet der, der geöffnet hat, mit einem befreiten Lachen. »Er wohnt über mir.«

Warten kann so unterschiedlich sein. Auf einen Arztbefund warten. Auf eine ungewöhnlich verspätete Menstruation. Auf den Frühling. Auf die Sommerferien und den Urlaub (allerdings wird meistens nichts so, wie es unserem sehnsuchtsvollen Warten entspräche). Kennt nicht jede erwachsene Frau das gespannte Warten vor dem Telefon? Und die Verärgerung und Frustration, wenn der falsche Mensch anruft?

Am Ende warten wir auf den Tod.

Vielleicht haben wir das die ganze Zeit getan. Der Tod sei »die Mutter allen Wartens«, so soll Saddam Hussein es ausgedrückt haben. Im Gegensatz zu ihm neige ich nicht zu Sentimentalität. Es ist überhaupt überraschend, wie oft Sentimentalität Hand in Hand mit Brutalität geht. Sowohl das israelische wie das palästinensische Volk, beide tun nichts anderes als zu warten. Nicht notwendigerweise auf den entfliehenden, den unerreichbaren Frieden, aber auf Veränderung.

Darauf, dass etwas geschieht oder beinahe – was auch immer. Aber, erklärte mir ein befreundeter Diplomat, das Traurige dabei ist, dass die Anführer beider Völker gar keine Veränderung wollen. Und genau deshalb wollen sie auch gar keinen Frieden. Denn Frieden erfordert Veränderung, er setzt sie voraus.

27.11.2003

Verstehen und nicht verzeihen

Alles verstehen, heißt alles verzeihen, sagt man.
Nein, das glaube ich nicht. Es gibt Handlungen, die kann und die soll man auch nicht verzeihen.

Wer sollte der jungen Palästinenserin verzeihen, die vor ein paar Wochen sich und neunzehn Israelis in einem Restaurant in Haifa in die Luft gesprengt hat? Ein wahlloses Morden, das Männer, Frauen und Kinder, jüdische Israelis und israelische Araber gleichermaßen traf. Wer hätte denn das Recht, ihr zu verzeihen? Niemand kann für andere verzeihen.

Kein Verzeihen also für die achtundzwanzigjährige Hamadi Jaradat, die diese schreckliche Tat verübte. Aber vielleicht ist es den Versuch wert, verstehen zu wollen, was sie zu so einer weit jenseits aller zwischenmenschlichen Grenzen liegenden Tat trieb. Vielleicht ist der Versuch zu verstehen richtiggehend notwendig – als ein Teil der Bemühung, dem nächsten und übernächsten Terrorakt vorzubeugen.

Wer war sie, diese Hamadi Jaradat? Besonders viel wissen wir nicht. Sie war Anwältin oder machte eine Ausbildung zur Anwältin, und sie war verlobt. Aber noch wichtiger ist es zu wissen, dass sowohl ihr Bruder wie ihr Verlobter, beide verdächtigt, Terroristen zu sein, von einer israelischen Einheit erschossen wurden.

Entschloss sich Hamadi Jaradat bereits da zu ihrer entsetzlichen Rache? Begann sie einen Gürtel zu nähen, dessen Taschen mit durch Nägel verstärkten Sprengstoff gefüllt werden sollten, um eine größtmögliche Zerstörung zu erzielen? Vielleicht, vielleicht auch nicht. Dr. Ahmed Tibi, arabisches Mitglied des israelischen Parlaments, meint, eine andere Begebenheit könnte den entscheidenden Funken ausgelöst haben.

Wenige Tage vor diesem Samstag, als Jaradat in das vollbesetzte Restaurant »Maxim« spazierte und ein Massaker auslöste, das ganze Familien auslöschte, war ihre Familie erneut mit der Allmacht der Besatzung konfrontiert.

»Hamadis alter Vater ist todkrank«, berichtet Dr. Tibi. »Er hatte einen Termin zur Behandlung im Krankenhaus von Haifa. Aber man gestattete ihm nicht, die Straßensperre in Richtung Stadt zu passieren. Ich nahm Kontakt zum Verteidigungsministerium auf, aber als ich drei Tage später eine Antwort erhielt, war sie wenig erhellend. Die Entscheidung, den alten Mann nicht passieren zu lassen, war aus »Sicherheitsgründen« getroffen worden, hieß es. Aber wie sollte ein todkranker alter Mensch die israelische Sicherheit bedrohen?«

So fragt sich Dr. Tibi. Vergleichbares ereignet sich so gut wie jeden Tag an einer der unzähligen Straßensperren, an Erdwällen oder Zementblöcken, die die Städte und Dörfer des Westjordanlands in Gefängniszellen der palästinensischen Einwohner verwandelt haben. Die Schlüssel halten die israelischen Soldaten in der Hand, und die zufällige »Freigabe« durch den Einzelnen erfolgt nach Gutdünken.

Oft hängt es davon ab, ob die Soldaten nett sind und ihren guten Willen zeigen wollen, oder ob es sich um ein paar von der Macht berauschte junge Raufbolde handelt.

Nein, verstehen heißt wahrhaftig nicht immer auch verzeihen. Außerdem kann wohl niemand ganz »verstehen«, was in Hamadi Jaradats Kopf vorging, als sie den Sprengsatz zündete. Aber je mehr wir von der Lebenswirklichkeit der Palästinenser unter der Besatzung wissen, umso weniger erstaunt es uns, dass einige von ihnen bereit sind, von moslemischen Fanatikern verordnete Wahnsinnstaten zu vollbringen.

Eher erstaunt es uns, dass noch immer und trotz allem eine palästinensische Mehrheit existiert, die eine friedliche Lösung dieses hundertjährigen Konflikts zwischen dem palästinensischen und dem israelischen Volk wünscht. Aber um eine solche Lösung zustande zu bringen, muss es unter denen, die die

Macht haben, jemanden geben, mit dem man reden kann. Im Moment gibt es so jemanden nicht – auf keiner Seite.

16.10.2003

Nostalgie

Israel ist das gelobte Land der Nostalgiker und die Nostalgie knüpft sich an Idealisten vergangener Zeiten, Männer und Frauen. An junge Menschen vor allem, eifrig bestrebt, im Dienst einer Idee, eines Ideals die eigenen Träume und Bedürfnisse zu opfern, am Ende sogar ihr Leben.

In einigen neuen Büchern wird zwei jungen Frauen dieses Schlages gehuldigt.

Zahara Leviatov nahm an waghalsigen und lebensgefährlichen Aktionen gegen die damalige britische Besatzungsmacht des Landes teil. Sie starb, erst 21 Jahre alt, als ihr Flugzeug bei einem Übungsflug über Jerusalem abstürzte. In ihrem recht kurzen Leben hatte sie einige intensive Liebesbeziehungen, die alle, nicht unerwartet, mit dem Opfertod des Geliebten für das jüdische Heimatland endeten.

Zosha Posnanska, aus einer »guten« polnisch-jüdischen Familie, kam 1925 mit einer Gruppe junger Pioniere nach Palästina, um einen neuen Kibbuz zu gründen. Zosha verließ den Kibbuz später aus ideologischen Gründen, blieb aber dem Ideal der Zionisten treu: Rohmaterial für einen neuen Menschenschlag in einer neuen Zeit zu sein.

Sie glaubte allerdings, dass nur der Kommunismus diese neue, bessere Welt schaffen könne. Im Zweiten Weltkrieg hielt sie sich im Auftrag der Partei als wichtiges Mitglied der berühmten kommunistischen Spionageorganisation »Rote Kapelle« in Brüssel auf. Als sie 1942 verhaftet wurde, kannte sie als einzige den Code der Funkverbindung der Roten Kapelle nach Moskau. Als sie spürte, dass sie der entsetzlichen Folter nicht länger würde standhalten können, erhängte sie sich in ihrer Zelle. Die Deutschen bekamen den Code nie.

Am Ende eines langen Artikels zum Buch über Zahara drückt der verantwortliche Journalist die Hoffnung aus, dass es einiges von dem Geist und der Welt vermitteln könne, für die sie und Gleichaltrige »ihre jungen Leben opferten«. Sie gehörten, meint der Journalist, einer Generation an, die »tausend Lichtjahre von der heutigen Generation entfernt« ist.

Nach alldem zu urteilen, muss der Journalist sehr jung sein. Und so lauten die Schlusszeilen seines Artikels: »Möge dieses Buch viele junge Leser finden, in unserer Lichtjahre von den bitteren und wunderbaren Tagen unseres Anfangs entfernten Zeit.« Wenn wir schon von Nostalgie sprechen! Oder ist er vielleicht auch »Lichtjahre entfernt« von der heutigen Wirklichkeit?

18.1.2004

Chamsin

Die meisten haben wohl Erfahrung mit folgender Seelenlage. Wenn die Nerven bloß liegen und feixende kleine Teufel, noch in der Ausbildung, die Nervenenden mit glühenden Zangen traktieren. Dann will man die Katze erwürgen und nach dem Kind treten. Oder umgekehrt.

Normalerweise geht der Zustand vorüber. Aber was ist im Nahen Osten normal? Nichts. Meine Beschreibung eines Nervensystems am Rande des Zusammenbruchs wird zurzeit von einem Wüstenwind hervorgerufen, der auf Arabisch »chamsin« heißt und im Hebräischen »sharav«. Chamsin bezieht sich auf die Zahl fünfzig: Es heißt, die Menschen seien jährlich an insgesamt fünfzig Tagen der Gewalt des Chamsin ausgeliefert.

Dass in dieser Zeit niemand voll zurechnungsfähig ist, attestiert die Gesetzgebung der Türken. Es wird behauptet, dass ein Mann, der nach fünf Tagen unablässig wütenden Chamsins seine Frau umbrachte, im Osmanischen Reich straffrei ausging. Frauen konnten selbstredend nicht mit derselben milden Nachsicht rechnen.

Aber vergessen Sie die Behauptung, der Chamsin könne nur in bestimmten Monaten zuschlagen. Wie jedes andere Elend ist auch der heiße Wüstenwind unvorhersagbar. Nur wenn es mal schneit oder in Strömen gießt, kann man sich wirklich sicher fühlen.

Bestimmt fällt Ihnen auf, dass ich »chamsin« schreibe und nicht »sharav«? Das ist die Macht der Gewohnheit.

Es ist gar nicht so viele Jahre her, dass »chamsin« auf der Aschebahn der Sprache noch den Spitzenplatz hielt. Aber jetzt haben die Verfechter der reinen Sprach-Lehre »sharav« einem intensiven Training unterzogen, und das scheint sich gelohnt zu haben.

Jedenfalls in den Medien, denn aus diesen ist »chamsin« derzeit verbannt. Das gleiche Phänomen also, als wenn in Schweden die Sprachwächter englisch-amerikanische Einflüsse auf die Sprache abwehren. Ganz zu schweigen von Frankreich, wo man einen heftigen Kampf führt, nicht nur gegen die Kopftücher der moslemischen Mädchen, sondern auch gegen jegliche artfremde Besudelung der Reinheit des edlen Französisch.

Ein sprachliches Problem, mit dem das Hebräische allein dastehen dürfte, sind die Flüche. Soweit ich weiß und gehört habe, sind alle Flüche, die hier im Lande benutzt werden, arabischen Ursprungs. Falls ich nicht welche verpasst habe. Und sie sind kraftvoll und bildreich und handeln hauptsächlich von den Geschlechtsteilen der Mutter oder Schwester des Widersachers und/oder dessen Sexualverhalten.

Es ist gar nicht so leicht, eine mehrere tausend Jahre alte Sprache wiederzubeleben. Ein bekannter israelischer Schriftsteller seufzte einmal: Wie sagt man auf Hebräisch »ein junges Mädchen betrat, die Hüften im Takt des Freestyle schwingend, die Apotheke und fragte nach Tampons«?

Trotz allem ist es möglich, sich an den Chamsin zu gewöhnen. Nur mit der Abwesenheit von Jahreszeiten werde ich mich nie aussöhnen. Der Übergang von einer Witterung zur anderen vollzieht sich abrupt und in gleichem Maße extrem wie so vieles andere hier im Heiligen Land. Was sich »Winter« nennt, kann ebenso gut Schneewehen wie blühende Mandelbäume bedeuten – nicht selten gleichzeitig.

Frühling gibt es so gut wie gar nicht, auch nicht das, »was der Schwache Herbst nennt«. Nur auf den Sommer, die Hitze und die Trockenheit kann man sich verlassen. Aber ohne stille, zögernde Übergänge. Ich sehne mich nach der schwedischen Natur, die, wie Henry Parland in einem völlig anderen Zusammenhang schreibt, »mir etwas kühlende Gleichgültigkeit« erweisen kann.

4.3.2004

Abwasch

Hände weg von meinem Abwasch! Das ist meine persönliche Version des Slogans »Hände weg von meinem Kumpel«, an den sich manche vielleicht noch aus der Antirassismusbewegung der Achtziger erinnern. Eine andere Variante, unwillkommene Hilfe beim Abwasch abzuwehren, ist: Nein danke, aber wir sind hier sehr eigen mit der Hygiene! Allerdings geht es in meinem Fall nicht nur darum, amüsant zu sein. Nein, es ist mir bitterernst.

Abwaschen ist für mich eine Art Therapie. In mäßiger Dosierung hilft es gegen Angst und Depression. Doch darf die Angst nicht größer sein als ein flackerndes blaues Flämmchen, und, um sie zu unterdrücken, reicht es nicht, eine Kaffeetasse abzuwaschen. Ich habe mich oft gefragt, worauf dieser therapeutische Effekt des Abwaschs eigentlich beruht.

In all seiner Einfachheit kann er so elementar sein, dass ich ein starkes Gefühl von Zufriedenheit erlebe, wenn etwas, das schmutzig war, wieder sauber ist und glänzt. Die Bewegung des Körpers besitzt die Fähigkeit, Unerwünschtes abzuwehren.

Verschiedene Menschen gehen natürlich auf verschiedene Weise mit ihrer Angst und ihrer Schwermut um. Manche sind so wenig von ihren Dämonen behelligt – obwohl wir wohl alle welche haben –, dass sie sie ignorieren können. (Schade für den kleinen Dämon, der dafür in der Dämonenschule nachsitzen muss und schlechte Noten bekommt.) Aber seien Sie gewiss – selbst bei denen, die in Psychotherapie gehen oder / und Psychopharmaka schlucken, gibt es immer einen Winkel in der Seele, wo sich das Dunkel sein Versteck sucht.

Da gilt es, schnell zu handeln, ehe es dem Bösen gelingt, sich festzubeißen. Wäre man in Stockholm, könnte man sich eilends in die Chocolaterie begeben, mehr sage ich nicht. Doch ist hier eine Warnung vor Überdosierung angebracht, diesem Genuss sollte man sich nur sparsam und wählerisch hingeben. Keinesfalls gierig sein!

Ja und dann gibt es natürlich noch die unübertroffenen Meister der Seelenheilkunst: Bach, Haydn, Mozart und andere. Sie verlangen nichts. Es gibt nur das Angebot: Sich hinlegen und empfangen. (Ich liege am liebsten auf meinem Bett, ganz wehrlos.)

Es gibt unzählige persönliche »Therapien«, aber ich glaube, eines ist ihnen allen gemeinsam: Sie bieten einen Freiraum. Ruhe. Eine Atempause.

In mal größerem, mal geringerem Umfang stellen sie unser Bedürfnis nach Einsamkeit zufrieden, sie geben uns »etwas kühlende Gleichgültigkeit«. Die Gnade einer besonderen, aber überhaupt nicht herzlosen, Gleichgültigkeit. Eine kurzfristige Gleichgültigkeit gegenüber unseren eigenen Bürden und denen der anderen.

17.2.2005

V

Die Symbole und die Wirklichkeit

Gedanken zum Antisemitismus

Antisemitismus oder Judenhass, wie es eigentlich richtig heißen müsste, muss immer und überall bekämpft werden, wo er seine hässliche Visage zeigt. Weniger gut und sogar regelrecht gefährlich wird es, wenn alle Kritik an Israel, berechtigt oder nicht, als »Judenhass« zurückgewiesen wird. Ein hoher Beamter des Außenministeriums behauptete kürzlich, es sei »eine Tatsache, dass ein Zusammenhang zwischen dem gegenwärtigen Judenhass und dem radikalen Islam (dem, der hinter dem internationalen Terror steckt)« besteht.

Diese Äußerung ist ein schamloser Versuch zu sagen: »Schaut her, wir sitzen alle im selben Boot. Wenn ihr gegen den Terrorismus der Islamisten seid, dann müsst ihr für uns sein, für die Juden / Israel.« Aber so verhält es sich nicht, jedenfalls nicht immer.

Ich will auf keinen Fall bestreiten, dass einige der eingefleischten Judenhasser Morgenluft wittern und stubenrein werden wollen, indem sie ihren alten stinkenden Judenhass in einen neuen antiisraelischen, antizionistischen Mantel hüllen.

Daraus folgt jedoch nicht, dass alle Kritik an Israel, wie scharf sie auch sein mag, ihre Wurzeln im Judenhass hat. Nicht einmal ein ausgesprochener Hass auf Israel ist immer mit Hass auf Juden gleichzusetzen. Wenn palästinensische Demonstranten ihr

»Tod den Juden« schreien, ist nicht mal sicher, dass der blutdurstige Mob Juden in ihrer Eigenschaft als Juden töten will. Der Hass gilt den Israelis in ihrer Eigenschaft als Besatzer, und dem Staat Israel, der auf den Ruinen des ehemaligen Palästina entstanden ist.

Aber, so erklärte mir ein palästinensischer Kollege, »Tod den Israelis« können wir nicht gut sagen. Das könnte so gedeutet werden, als ob wir Israels Existenzrecht anerkennen. Hingegen kann man sehr gut in einem Atemzug »Tod den USA« schreien, und da macht es dann keinen Unterschied, ob es katholische, protestantische, jüdische oder mormonische Amerikaner sind.

Als es vor kurzem in einer Meinungsumfrage hieß: »In welchem Umfang würden Sie zustimmen, dass die antiisraelischen Stimmungen weltweit meistens auf Judenhass beruhen?«, antworteten 75% der Israelis, sie stimmten dieser Behauptung »absolut« oder »im Wesentlichen« zu. Die Antwort erstaunt nicht. Nach jedem palästinensischen Angriff auf israelische Zivilisten erklären die Politiker im Brustton der Überzeugung: Diese unschuldigen Opfer wurden allein aus dem Grund ermordet, weil sie Juden waren.

Die Bevölkerung hat diese schändliche Art der Argumentation offenkundig größtenteils verinnerlicht. Vielleicht, weil sie altbekannte Töne anschlägt?

»Keine PR-Akrobatik wird eine antisemitische Welt davon überzeugen, dass die Juden es nicht verdient haben, leiden zu müssen. Keine Erklärungen werden die Welt dazu bringen, einzusehen, dass Israel nicht irgendein schrecklicher Eroberer ist, der eine vom Unglück geschlagene palästinensische Minorität unterdrückt. Die Welt wird sich nicht über den Anblick noch eines Juden empören, der durch einen Terrorangriff ermordet wurde«, schrieb kürzlich eine Kolumnistin der Zeitschrift *Jerusalem Report*. Warum?

Nun, erklärt sie, im Grunde kümmere die Welt das Schicksal

der Palästinenser nicht so sehr. »Die Welt könne nur nicht den Verdacht aufgeben, dass die Juden regelmäßig nicht-jüdische Kinder ermorden, um mit deren Blut ihr Matzen zu backen.« Insofern spiele es wohl keine so große Rolle, was Israel tut oder lässt, denn da die Mehrheit der Israelis Juden sind, wird »die Welt« Israel immer hassen.

Ganz offenkundig soll der Leser zu dieser Schlussfolgerung gelangen. Selbst ein so kluger und besonnener Mensch wie der Rabbiner und stellvertretende Außenminister Michael Melchior (er steht an der Spitze dieser internationalen Kampagne des Außenministeriums gegen den »neuen« Judenhass), betont, dass der »gegenwärtige Antisemitismus sich nicht nur gegen die Juden richtet, sondern auch als politische Waffe gegen den Staat Israel benutzt wird«. In dem Zusammenhang führt er einige der antiisraelischen Resolutionen an, die auf der Antirassismuskonferenz in Durban vor ein paar Monaten eingebracht, aber nicht verabschiedet wurden.

Der Versuch, Israel als einen »rassistischen Apartheidsstaat, der sich des Völkermords schuldig macht« zu bezeichnen, wurde in Durban abgeschmettert.

Auch wenn diese Anklagen absurd und abscheulich sind, kann man nicht ohne weiteres behaupten, sie seien Ausdruck eines allgemeinen Judenhasses. Vor allem erweist Israel seiner eigenen Sache keinen Dienst, wenn es nicht nur solche Ergüsse, sondern alle Kritik, wie scharf sie auch sein mag, als Ausdruck von »Judenhass« abtut. Diese Haltung weckt nämlich den Verdacht, Israel habe keine tragfähigen Argumente zu seiner Verteidigung vorzubringen und versuche deshalb, den Kritikern den Mund zu stopfen, indem es sie des »Judenhasses« beschuldigt.

Wenn die Kritiker selbst Juden sind – wie viele der kenntnisreichsten und schärfsten Kritiker Israels – dann werden sie umgehend mit Hinweis auf den »Selbsthass der Juden« abgestempelt. Interessanterweise werden Israelis, die die israelische Politik kritisieren, damit genau dieses »jüdischen Selbsthasses« beschuldigt.

Auch der Hinweis darauf, dass sie an einem oder mehreren von Israels Kriegen teilgenommen haben, reicht nicht aus, ihre patriotische Gesinnung zu beweisen.

Trotz allem will ich gerne zugestehen, dass eine solche Argumentation nicht nur ein billiger Trick ist. Ich halte es mit dem enttäuschten Zionisten, der sagte: »Man kann den Juden aus dem Ghetto holen, aber bedeutend schwerer ist es, das Ghetto aus dem Juden zu holen.« Zu viele Israelis erleben sich in der Tiefe ihrer gequälten Seele als wehrlose Opfer, den Mordgelüsten der Judenhasser hilflos ausgeliefert.

In der Theorie wissen sie natürlich, dass Israel die stärkste, fortschrittlichste Militärmacht der Region ist. Sie können mit dieser Tatsache sogar angeben. Nur ist die Theorie eine Sache, die verinnerlichten Erfahrungen aus der Geschichte aber sind etwas anderes.

27.11.2001

Jerusalem – die geteilte Stadt

Etliche der Alltagsplagen des palästinensischen Volks – die ihrerseits zur Zersplitterung des israelischen Volks führen – ballten sich neulich an der Straßensperre vor Qalandia. Hier stand ein großes Aufgebot schwer bewaffneter israelischer Besatzungssoldaten israelischen Demonstranten unterschiedlichster Friedensgruppen von Angesicht zu Angesicht gegenüber.

Hier wartete eine Anzahl Palästinenser, darunter eine Mutter mit zwei kleinen Mädchen, die nach Hause wollten, aber nicht durchgelassen wurden, nicht einmal zu Fuß. Hier stand auch der norwegische Konsul, um fünf Palästinenser zu eskortieren, die aus der Türkei zurückkamen, wo sie an einer Konferenz zum israelisch-palästinensischen Dialog unter norwegischer Regie teilgenommen hatten. Jetzt kehrten sie in die Realität und in ihr Zuhause in Ramallah zurück.

Erst nach vielem Hin und Her durfte der schusssichere Wagen des Konsuls passieren, sowie ein Auto des Roten Kreuzes, das Blutkonserven für ein palästinensisches Krankenhaus transportierte. Außerdem ließen die Soldaten einen LKW des Roten Kreuzes mit Hilfsgütern für die Palästinenser im Flüchtlingslager von Qalandia durch.

Ein großes Medienaufgebot bildete das Publikum dieses absurden Theaters. Es schien hauptsächlich aus ausländischen Korrespondenten zu bestehen, die ausgerückt waren wie die Feuerwehr. Da sie aber über wenig Lokalkenntnis verfügten, verpassten sie den ironischen »Höhepunkt« des Stücks: die Tatsache, dass sich alles im »unteilbaren« Jerusalem abspielte!

Nach dem Krieg von 1967 wurden die Grenzen der Stadt Jerusalem erheblich ausgeweitet. Mehrere palästinensische Dörfer wurden eingemeindet und ihre Bewohner erhielten blaue israelische ID-Karten, genau wie die Palästinenser im östlichen Jerusalem.

Jerusalems Bürgermeister, Ehud Olmert, versäumt nie eine Gelegenheit, von seiner Stadt als »dem unteilbaren Jerusalem, Israels ewiger, geeinter Hauptstadt« zu sprechen.

Nun müsste eigentlich auch er einsehen, dass die Realität seine stolzen Deklarationen als leere Floskeln entlarvt. Mehr als eine Straßensperre, bestückt mit Soldaten und Militärfahrzeugen, braucht es nicht, damit aus Jerusalem wieder eine geteilte Stadt wird.

Olmert und seine Parteifreunde des rechten Likud können auch nicht darauf hoffen, dass die Palästinenser freiwillig ihre blauen Jerusalemer ID-Karten gegen die orangefarbenen Pässe der Palästinenser im besetzten Westjordanland eintauschen. Die blaue Karte verleiht mit Sicherheit keine israelische Staatsbürgerschaft, die wollen die Palästinenser auch gar nicht, bringt aber viele andere, lebenswichtige Vorteile mit sich. Jerusalems Palästinenser zählen nicht zu den Besetzten und haben deshalb ein Anrecht auf alle israelischen sozialen Einrichtungen.

Vor allem können sie sich in ganz Israel frei bewegen. Ihre Autos haben gelbe, israelische Nummernschilder, sie können sich um Arbeit bewerben, wo sie wollen, können studieren, einkaufen und Geschäfte machen, wie sie wollen, nicht zuletzt in Jerusalem, dem ökonomischen, kulturellen und religiösen Mittelpunkt der Palästinenser.

So ist es bisher gewesen, aber so ist es nicht mehr.

Mai Alami, eine gut gekleidete, hochgebildete Palästinenserin, lebt in dem eingemeindeten Dorf Aqab und hat dementsprechend eine blaue ID-Karte. Doch nach einem Arztbesuch im östlichen Jerusalem kann sie mit ihren beiden kleinen Töchtern nicht nach Hause zurückkehren, jedenfalls nicht im Moment. Dima, 7, und Rina, 5, sind hübsch angezogen und tragen viele bunte Spangen und Bänder im Haar, entzückt posieren sie für die Fotografen, halten sich aber immer dicht bei der Mutter, die versucht, mit den Soldaten zu verhandeln.

»Die Mädchen gehen in Ost-Jerusalem zur Schule, aber seit sechs Monaten dürfen wir die Straßensperre meistens nicht mit dem Auto passieren, und manchmal auch nicht zu Fuß«, erklärt Mai Alami. »Dann müssen wir mit ihnen zu Fuß über einen steilen Hügel zur Straße hinunter gehen. Allerdings ist nun auch diese Straße einstweilen gesperrt.«

Etwa hundertfünfzig israelische Demonstranten skandieren Schlagworte und verteilen T-Shirts mit Texten auf hebräisch und arabisch an ein paar neugierige kleine Palästinenserjungen. Die Soldaten bekommen eine Broschüre über das, was entsprechend der Genfer Konvention bei Krieg und Besatzung erlaubt ist und was als Kriegsverbrechen gilt und vor dem Internationalen Gerichtshof in Den Haag zur Anklage gebracht werden kann. Die Botschaft des Sprechchors an Premierminister Scharon lautet: »Arik, Arik, keine Sorge, in Den Haag warten sie auf dich!« Das reimt sich im Hebräischen und klingt so mitreißend, dass sogar einige der Soldaten, alles Reservisten zwischen dreißig und vierzig, so aussehen, als wollten sie einstimmen.

Plötzlich entdeckt einer von ihnen unter den Demonstranten einen Bekannten. Er stürmt vor und umarmt ihn. Die zwei haben ihren Reservedienst bisher immer in derselben Einheit geleistet.

»Wie hast du es dieses Mal geschafft, dich zu drücken?«, fragt der Soldat bewundernd.

Der Demonstrant erklärt, er habe sich gar nicht »gedrückt«, sondern er gehöre zu der neu gebildeten Gruppe von Reserveoffizieren, die sich weigern, in den besetzten Gebieten Dienst zu tun. Obwohl der Soldat nicht auf der Seite der »Verweigerer« zu stehen scheint, unterhalten sie sich in herzlichem Ton, es geht vor allem um Geschehnisse in der Einheit.

»Kennt ihr euch?«, fragt eine Demonstrantin.

»Natürlich«, antwortet der Soldat. »Wir gehören zur selben Einheit. Und du weißt doch, dass man in den Monaten, in denen man seinen Reservedienst ableisten muss, die besten Freunde kennenlernt.«

Mit einer für Israelis urtypischen Geste zaust er dem Kumpel die Haare und kehrt zur Straßensperre zurück. Dort erklärt er zwei Frauen mittleren Alters, dass ein Papier, ausgestellt von einem israelischen Krankenhaus, leider nicht helfe. Es bescheinigt einer der beiden eine schwere Herzoperation vor zwei Jahren. Die Frauen müssen warten, bis die Straßensperre in einigen Stunden aufgehoben werden wird.

19.3.2002

Die heilige Stadt

Ich kenne einen Hund in Jerusalem
und wir grüßen uns, wenn wir uns treffen.
Ich weiß, daß die Frau meines jemenitischen Nachbarn
auf der Pflegestation liegt
und daß der Marokkaner mit dem Kiosk an der Ecke
einen Garten hat.
Sie wissen, ich habe einen Sohn.

Wir sprechen nicht die gleiche Sprache
träumen nicht die gleichen Träume
fügen aber die lichtgesättigten Steine der Stadt
durch unsere Freude, unsere geheime Furcht
zusammen.
In diesem Wissen, im Zeichen dieser Bilder
schützen wir unser aller Leben.

Symbol des Stolzes oder der Scham?

In dem Moment, wo ich diese Zeilen schreibe, ist die Sonne gerade untergegangen. Der Tag des Erinnerns und der Trauer um alle, die im Krieg Israels gefallen sind, geht zu Ende, und die Feiern des Unabhängigkeitstages fangen an.

Die unendlich traurigen Töne des Zapfenstreichs sind verklungen und die Flagge, die schlaff auf Halbmast hing, ist gehisst, um nun stolz und hoffnungsvoll über dem Herzlberg zu wehen. Die Menschen, die sich zu diesem jährlichen Feiertag versammelt haben, folgen dem Rhythmus der Zeremonie: gesenkte Köpfe werden erhoben, Augen, in denen gerade noch Tränen standen, werden zögernd wieder hell. In diesem Moment drückt sich eine Erfahrung aus, die von der Mehrheit des israelischen Volks geteilt wird.

Es verbindet, in einem der vielen Kriege des Landes einen geliebten Menschen verloren zu haben – oder ihn vielleicht nicht genug geliebt zu haben, dieser Schmerz ist am schwersten zu ertragen. Auch die einer neuen Generation angehören, wissen, dass nichts selbstverständlich ist und wahrscheinlich auch sie den Preis werden bezahlen müssen, der von früheren Generationen bezahlt wurde. Nicht zuletzt einen moralischen Preis.

Wie man weiß, kann niemand leben und überleben, ohne schuldig zu werden. Klingt das blöd? Wer mit dem Silberlöffel der Freiheit und Unabhängigkeit im Mund geboren ist und für wen die Flagge etwas ist, mit dem man sich die Füße abtrocknet, und für diejenigen, denen ein Leben und ein Tod in Würde selbstverständlich vorkommen – ja, für die muss das ziemlich lächerlich klingen.

Für junge Nationen ist das anders. Fünfundvierzig Jahre wird Israel heute, das ist sehr jung. Überleben ist trotz allem keine Selbstverständlichkeit. Am besten müsste man das Land in den Brutkasten legen. Für mich, die ich mich an die Zeit erinnere, als ich verzweifelt versuchte, das Symbol der Scham zu verbergen, den gelben Stern auf dem Mantel oder dem Kleid, und wie ein ängstliches Mäuschen durch die Straßen von Berlin huschte, für mich hat diese Art nationaler Symbolik eine tiefe Bedeutung. »Erinnern« ist das falsche Wort. Diese Zeit hat keine Erinnerung. Sie ist ein Teil von mir, genauso unauslöschlich wie die Auschwitznummer auf meinem linken Arm.

Und eines Tages, an einem strahlend hellen Tag, wurde aus dem Symbol der Scham und der Todesdrohung das Siegel von Freiheit und Stolz. Aus dem gelben Judenstern ist der blaue Davidstern auf Israels Flagge und auf den Tragflächen der Maschinen der nationalen Fluggesellschaft geworden. (Auch darin folgte Israel dem Beispiel aller neuen unabhängigen Staaten: Als erstes schafft man sich eine eigene Fluggesellschaft an, ob man sie braucht oder nicht.)

Und jetzt? Heute? Jetzt ist das Symbol des Stolzes wieder zum Kainsmal der Scham geworden. Nein, ich habe nicht vor, über die Okkupation zu diskutieren (die natürlich zu verurteilen ist) oder inwieweit Israel innerhalb der Grenzen von 1967 eine »Kolonialmacht« ist (das ist Israel nicht).

Wovon ich spreche, das ist die Schändung all dessen, was dem kleinen Judenmädchen aus Berlin einmal seine Menschenwürde zurückgegeben hat. Wer heutzutage – nein nicht alle, aber viel zu viele – in den zerstörten, wieder besetzten palästinensischen Städten und Dörfern herumfährt und triumphierend seine Panzer und Jeeps mit israelischen Flaggen schmückt, und die israelischen Siedler, die dieses nationale Symbol höhnisch benutzen, um ein anderes Volk und dessen gewählte Repräsentanten zu demütigen – die haben mir etwas Unersetzliches geraubt.

Denen vergebe ich niemals.

Auch diesem militärischen Befehlshaber im Westjordanland vergebe ich nicht, der es als »bedauerlichen taktischen Zwischenfall« abtat, dass seine Soldaten gefangene Palästinenser mit einer Nummer auf dem Arm »markierten«.

Als 1967 nach der Eroberung Ost-Jerusalems ein wütender Moshe Dayan befahl, auf der Stelle die israelische Flagge einzuholen, die irgendein moralisch Unterbelichteter auf der Kuppel der Felsenmoschee gehisst hatte – da wusste er etwas, was heute vergessen zu sein scheint. Er wusste, dass diese Tat die stolze Devise »Der Tempelberg ist wieder in unseren Händen« zu einer schamlosen Narrenposse machte.

18.4.2002

VI

Schweden, Zeit und Zuhause

Urlaub

Das Flugticket in den Urlaub müsste, genau wie die Zigarettenpackungen, mit einem Warnhinweis versehen sein: »Urlaub kann ihrer Gesundheit schaden.« Womit vor allem die psychische Gesundheit gemeint ist. Jedenfalls was mich angeht.

Gleich beim ersten Besuch der Bank im friedlichen Städtchen Åkersberga geht es los. An einer der Kassen steht eine offenkundig herrenlose Tasche. Ich warte eine Weile, aber niemand nimmt sich ihrer an. Ich kneife mich, um nicht laut und schrill zu rufen: »Wem gehört die?!« Stattdessen schleiche ich mich sehr vorsichtig näher heran, um nachzuschauen, ob womöglich verdächtige Metalldrähte aus der Tasche ragen. Nein, tun sie nicht. Mit lobenswerter Selbstbeherrschung warte ich, bis die Reihe an mir ist, dann weise ich die Kassiererin darauf hin, dass jemand wohl seine Tasche vergessen habe.

»Ach«, antwortet sie und lächelt, »das wird Frau X gewesen sein. Sie können mir die Tasche ruhig geben, Frau X wird bestimmt bald kommen und danach fragen.«

Sie ihr geben? Sie anfassen? Mir bleibt nichts anderes übrig. Vorsichtig hebe ich das »verdächtige Objekt« an und seufze erleichtert, als es im Innern gluckert. Der Besitzer war offenkundig im Einkaufszentrum nebenan und hat dort im Systembolaget Alkohol eingekauft.

Ich komme nicht dagegen an. Nach vielen Jahren in Israel, besonders in Jerusalem, steckt es mir in den Knochen. Die Anzeigen der Tageszeitungen mit ihren Warnhinweisen vor »verdächtigen Objekten«, wie sie genannt werden, sind eigentlich überflüssig. Wer auch immer ein mutmaßlich verlassenes Objekt sieht, sei es Tüte, Tasche, Beutel oder Mappe, der nimmt sein Handy und ruft bei der Polizei an – die binnen kürzester Zeit kommt.

Manchmal reicht eine einfache Inaugenscheinnahme. Aber meist wird die ganze Straße abgesperrt, dann befestigt der Bombenexperte, mit schusssicherer Weste und Helm ausgerüstet, einen Haken mit langem Seil am Objekt und zieht es sehr, sehr vorsichtig zur Entschärfung in den eigens dafür konstruierten Lieferwagen. Meistens ist es nicht gefährlich.

»Aber stell dir vor, es wäre eine Bombe«, wie es in den warnenden Anzeigen heißt.

Übrigens gibt es einen direkten Zusammenhang zwischen der hohen Anzahl von Handys in Israel, schon bei Schulkindern, und den »verdächtigen Objekten«. Sobald es irgendwo wirklich kracht, und das passiert ja oft genug, greifen Junge und Alte zu ihren Handys und unterrichten ihre Nächsten, dass sie wohlauf sind. Wenn sie es denn sind.

Nun sollte man natürlich meinen, dass einige Urlaubswochen zwischen blühenden Büschen und Sträuchern im schwedischen Ferienhaus Stress, Angst und Nervosität zum Verschwinden bringen. Leider funktioniert das so nicht. Natürlich, wer sich für einige Wochen in der Hölle der Alpträume und Schreckensszenarien aufhält, der kann erleichtert aufseufzend in der grünen Idylle ausruhen – die die Bewohner dieses Landes anscheinend für den Normalzustand halten.

Wer aber viele Jahre, zu viele Jahre, in dieser Attentatangsthölle gelebt hat, und von Berufs wegen durch die stinkenden Gassen der palästinensischen Flüchtlingslager wandert, wo die

Kinder an den Abwassergräben spielen und sich mit Steinen bewerfen, weil sie keine anderen Zielscheiben haben – wenn nicht gerade Ausgangssperre verhängt ist und israelische Panzer patrouillieren –, der verkraftet es nicht mehr, innerhalb weniger Stunden von der perfekten Hölle in die vollkommene Idylle versetzt zu werden. Der Gegensatz ist zu groß.

Man bekommt beides nicht zusammen und geht entzwei.

Der heißersehnte Urlaub wird die meiste Zeit mit Magenbeschwerden im Bett verbracht. Zwischen blühenden Büschen und Sträuchern. Vielleicht sollte man die Ferien mit einer Woche im Fegefeuer beginnen? Vor ein paar Jahren, als in Nordirland noch der Bürgerkrieg tobte, schlug ein Kollege eine Zwischenlandung in Belfast vor.

Dort hat man die Probleme anscheinend gelöst. Aber im Nahen Osten muss das Feuer aus gegenseitigem Hass und Gewalt täglich mit neuen Menschenopfern gefüttert werden. Das nennt sich »die Situation«.

ohne Datum

Schwedisches Märchen

Wie war es? Was war das für ein Gefühl? Freunde und Verwandte wollen wissen, wie es war, die königliche Medaille »für langjährige bedeutungsvolle journalistische Arbeit« verliehen zu bekommen – so heißt es in der Einladung.

Danke, es war fantastisch. Von Anfang bis Ende. Lasst mich mit der wunderbar unzeitgemäßen Formulierung des Einladungsschreibens beginnen: »Seine Majestät der König beehrt sich, Ihnen Seine Medaille (8. Rang) am Blauen Band zu verleihen.«

Schrieb ich »unzeitgemäß«? Ich hätte genauso gut »zeitlos« schreiben können. Über dem Ganzen lag ein märchenhafter, zeitloser Glanz.

Es begann mit dem Einzug (im Schloss geht man nicht) durch das ›Linke Gewölbe‹, wo Hofbedienstete in weißer Livree auf einer Liste den jeweiligen Namen abhakten. Dann kam der lange und für manchen mühsame Aufstieg zu den »Trabantsälen«. Doch, man hatte mir gesagt, dass es einen Aufzug gäbe, aber ein Aufzug passt gewissermaßen nicht zum Märchen, zu dem außerdem gehört, dass der Held große Mühen und Widerstände überwinden muss, ehe er an sein Ziel gelangt.

Als sich alle versammelt hatten, und natürlich zur angegebenen Zeit, denn dies ist ein schwedisches Märchen, pochte der Zeremonienmeister, oder war es der Reichsmarschall, mit seinem mit Elfenbein verzierten Stab drei Mal aufs Parkett.

Die dreißig zukünftigen Medaillenträger erhalten ihre »Bühnenanweisungen«. Die Türen zum nächsten Prunkgemach werden aufgestoßen und die Medaillenträger stellen sich hübsch ordentlich in Reih und Glied auf, während ihre Begleiter sich an den Wänden postieren. Auf ein Zeichen hin öffnet sich die Tapetentür und der König und die Königin erscheinen.

Nein, sie trugen weder Krone noch Hermelinumhang. Hingegen waren sie von Hofbeamten umgeben, die zum Märchenspiel gehörten.

Die Aufgabe der Hofleute bestand darin, die Kästchen mit den Medaillen bereit zu halten, die der König überreichte, während die Königin jedem einen großen Umschlag mit der Urkunde übergab. Auf Pergament, vom Reichswappen gekrönt, steht da in zierlicher Schrift: Wir, Carl Gustav, König von Schweden, geben bekannt, dass Wir am heutigen Tage XX Unsere Medaille (8. Rang) am Blauen Band verliehen haben.

Mich erfasste ein Gefühl von Unwirklichkeit, und das lag nicht am Champagnerempfang, der in einem anderen goldenen Saal des Schlosses stattfand. Auch nicht an all den freundlichen und anerkennenden Worten, die auch viele der anderen Medaillenempfänger an mich richteten. Nein, das Gefühl der Unwirklichkeit war sozusagen existentieller. Konnte das wirklich ich sein, Cordelia Maria Sara, die sich in diesen Kreisen bewegte? Die vom schwedischen König geehrt wurde?

Es musste sich wohl um einen Irrtum handeln oder um einen vermessenen Traum.

Meine Wahrheit von mir selbst ist und bleibt ja zutiefst die von dem Mädchen, das es nicht gibt, das »ausradiert« werden sollte, wie es in der Sprache der damaligen Zeit hieß. Das »durch den Schornstein verschwinden« sollte, wie wir es in Auschwitz nannten. Oder das in einem der Sklavenlager langsam zu Tode gequält werden würde.

Dass es den Deutschen in meinem Fall nicht gelang, ihre Absichten zu verwirklichen, ist keinesfalls mein Verdienst. Dass ich überlebte, ist dem Zufall zu verdanken. Dass ich langsam, sehr langsam ins Leben zurückkehrte und zu den Lebenden gerechnet werden kann, mehr oder weniger, ist das Verdienst anderer. Meine Medaille sei allen gewidmet, die an mich glaubten, trotz allem. Die es mit mir aushielten, mit meinem Trotz, meiner Stummheit und meiner Wut. Nichts ist schwerer, als es mit dem unartikulierten, verbitterten Leiden eines anderen auszuhalten und sich dieses Menschen anzunehmen.

Nur einfach da zu sein. Da zu sein, wo es keinen Trost gibt, wo es keine Hilfe zu spenden oder anzunehmen gibt. *Being there.* Danke euch allen, ihr wart und ihr seid viele. Danke meinen Kindern, die nur allzu gut wissen, was es bedeutet, die »zweite Generation« zu sein. Und in sich die nicht verheilten Wunden der Geschichte zu tragen.

6.12.2003

Zweierlei Krieg

Ist es gestattet, den USA gegenüber Dankbarkeit zu empfinden? Insbesondere den amerikanischen Streitkräften gegenüber? Oder überschreitet man damit in Schweden eine Tabugrenze und wird auf immer aus jeder anständigen, politisch korrekten Gesellschaft ausgestoßen?

Ja, so dachte ich vermutlich. Aber ganz ruhig, ich meine nicht die USA von heute, noch weniger die eigenartige Methode des Militärs, im Irak »hearts and minds« der Bevölkerung zu gewinnen. Nein, mein Anlass zur Dankbarkeit liegt weit zurück, sechzig Jahre.

Niemand wird entgangen sein, dass in diesem Monat die Feierlichkeiten anlässlich des »D-day« stattfanden. Ich saß mit großen Augen, manchmal unter Tränen, vor dem Fernseher und sah mir die Feierlichkeiten anlässlich der Landung der Alliierten an der normannischen Küste vor sechzig Jahren an. Zehntausende junger Männer, auch einige Frauen, waren von der anderen Seite der Welt gekommen, die meisten aus den Vereinigten Staaten, um Europa von der braunen Pest Nazideutschlands zu befreien. Tausende und Abertausende blieben für immer, begraben auf Friedhöfen mit schnurgeraden Reihen weißer Kreuze. Sie starben für uns.

»Für uns«? Wie meinst Du das? Machst du Witze?, werden sich einige der jüngeren Leser – vielleicht die meisten – fragen. Ich verstehe sie. Wie man Geschichte erlebt, hängt zum Teil damit zusammen, wie man selbst und seine Nächsten an einem bestimmten Geschehen beteiligt waren. An der Küste der Normandie nahm die Befreiung Europas ihren Anfang, auch wenn es bis zur endgültigen Niederlage Nazideutschlands und des Dritten Reichs noch ein Jahr dauerte.

In einer der vielen Reden, die in dieser Woche gehalten wurden, richtete ein alter Priester das Wort an die verstorbenen jungen Soldaten: »Vielleicht«, sagte er, »waren wir nicht würdig, dass ihr für uns gestorben seid, aber ohne euer Opfer würden viele von uns heute nicht mehr leben.«

Das gilt wahrhaftig für viele von uns, die damals dabei waren.

Auch diejenigen, die lange nach Kriegsende geboren wurden, sollten sich fragen, wie Europa, wie das Leben ihrer Eltern, ihr eigenes Leben aussehen würde, hätten sich die Amerikaner aus einem Krieg herausgehalten, der sie nicht selbst bedrohte.

Man möchte immer so gerne eindeutige Bilder sehen, und am liebsten in Farbe. Die Aufnahmen der sadistischen Exzesse amerikanischer Soldaten im Gefängnis Abu Ghraib in Bagdad haben sehr kräftige Farben. An die Schwarz-Weiß-Aufnahmen amerikanischer Truppen, die sich im Feuer der deutschen Truppen auf den Felsen oberhalb des Strandes vorankämpfen, und die, trotz ihrer buchstäblichen Unterlegenheit, nicht aufgeben, an diese Fotos lässt sich schwerer anknüpfen. Und außerdem sind sie ja so alt.

Aber beide Arten von Aufnahmen zeigen die Wahrheit! Beide sagen etwas über die Vereinigten Staaten, und es sind dieselben USA, damals wie heute. Die Fotos zeigen, was in einem Krieg passieren kann und was passiert. Und am wichtigsten: Sie beweisen uns, dass es gerechte und notwendige Kriege gibt – und ungerechte, völlig unnötige Kriege. Dass dieselbe Nation bereit sein kann, ihre Söhne in einem dieser äußerst seltenen, gerechten Kriege zu opfern und in einem dieser vielen Kriege abschlachten zu lassen, die unter falscher Flagge geführt werden.

Krieg, der junge Männer und Frauen zu den Fahnen ruft, um Freiheit und Demokratie gegen Terror und Unterdrückung zu verteidigen. Oder Krieg, der zur Befriedigung der Raffgier einer Rüstungs- und / oder Ölindustrie dient. Sowie den globalen Machtinteressen einfältiger Anführer. Die Wahrheit hat viele

Gesichter. Wir müssen lernen, sie wiederzuerkennen, an den Stränden der Normandie genauso wie im Gefängnis von Abu Ghraib.

10.6.2004

Biblisches

»Wer sucht, der findet.« Steht das in der Bibel oder bei Shakespeare? Die am häufigsten verwendeten Zitate, scheint es, stammen aus der Bibel (dem Alten und dem Neuen Testament) oder von Shakespeare.

Oftmals ist uns nicht einmal bewusst, dass wir uns eines Bibelzitats bedienen.

»Was wird wohl einmal aus diesem Kinde werden?«, hat man manchmal angesichts der ungewöhnlichen Fähigkeiten des eigenen oder eines fremden Kindes ausgerufen.

Ich wusste nicht, dass dem Evangelisten Lukas zufolge, die Nachbarn mit diesen Worten ihr Erstaunen ausdrückten, als sie zum Fest der Beschneidung bei Elisabeth und Zacharias eingeladen waren. Die hatten ihr erstes Kind bekommen, einen Sohn, der, als er acht Tage alt war, nach dem Gesetz des Herrn und der Sitte der Zeit durch das Beschneiden ein Mitglied des Bundes seines Volks mit Gott werden sollte.

Was war an diesem Kind so sonderbar? Was veranlasste die Nachbarn, dem Jungen eine strahlende Zukunft vorherzusagen? Es war die Tatsache, dass er überhaupt geboren worden war, und dass dies nur durch göttliches Eingreifen geschehen sein konnte. Zacharias und Elisabeth waren rechtschaffene Menschen, deren Leben jedoch von einem Kummer überschattet wurde: Sie waren kinderlos geblieben.

Dann, als sie schon sehr, sehr alt waren, wurde der Fluch der Unfruchtbarkeit (so betrachtete man das damals) von Elisabeth genommen, und sie gebar einen Sohn. So erfüllte sich das Versprechen, das der Erzengel Gabriel dem, um die Wahrheit zu sagen, ziemlich kleinmütigen Zacharias gegeben hatte. Auf Verlangen Gabriels wurde der Junge Johannes genannt, und in seinem Leben ereignete sich tatsächlich Unerhörtes.

Späterhin wurde er als Johannes der Täufer bekannt. (Wer

mehr dazu wissen will, muss sich selbst darum bemühen, und kann sich dabei von der einfachen und großartigen Sprache der Bibel begeistern lassen.) Diese Stelle kann auch neue Einsichten in die Erzählungen der Bibel vermitteln: Im Ausdruck »was mag wohl aus diesem Kind werden« liegt ein zartes, großzügiges Bewundern, aber auch ein Hauch spöttischer Ironie.

Ungefähr so: »Klar ist das Kind super, aber seht zu, dass das ihm oder euch nicht zu Kopf steigt.« Dieses leicht Abwertende ist nötig, um »den bösen Blick« fernzuhalten. Die Tradition der orientalischen Juden mit ihren kulturellen Wurzeln in der arabischen Welt kennt viele Möglichkeiten, sich vor dem »bösen Blick« und seiner destruktiven Macht zu schützen. Eine davon ist, niemals über Gebühr und völlig rückhaltlos die Schönheit eines Kindes, seine Begabung oder andere Vorzüge zu loben.

Denn wenn man das tut, riskiert man, den neidischen »bösen Blick« herauszufordern, der sich sofort an dem armen Kind rächen wird.

P. S. Ja, das Zitat »Wer sucht, der findet« stammt aus der Bibel: Matthäus 7.8

11.11.2004

VII

Was kann man tun?

Einen Staat aus Clans aufbauen

Im Februar dieses Jahres äußerte sich Außenminister Carl Bildt im Rahmen der außenpolitischen Aussprache im Reichstag unter anderem folgendermaßen: »Dass Israel sich dem Bestreben angeschlossen hat, einen palästinensischen Staat zu errichten, ist wichtig und willkommen. Die Regierung beabsichtigt, von sich aus in unterschiedlicher Weise die Vorbereitungen für den konkreten Aufbau eines palästinensischen Staats verbessern zu helfen – auch mit fortgesetzter finanzieller schwedischer Unterstützung.«

Bildt stellte außerdem fest, ein erfolgreicher Staatsaufbau in Palästina setze »eine Regierung voraus, deren Politik unter anderem die Forderungen reflektiert, so wie sie von der internationalen Gemeinschaft gestellt werden, und bereits eingegangene Absprachen sowie das Existenzrecht des Staates Israel anerkennt.«

Das klingt ja gut, aber wie soll das in der Praxis funktionieren?

Der Aufbau des Staates setzt unter anderem ein Ende der israelischen Besatzung sowie sichere und anerkannte Grenzen für *beide* Partner voraus, für Israel und Palästina. Oft wird von der »Grenze des Jahres 1967 zwischen Israel und dem zukünftigen Palästina« gesprochen, aber diese »grüne Linie« ist eine

Waffenstillstandslinie, keine international anerkannte Grenze.

Als die Briten 1948 ihr Mandat über (beziehungsweise die Besatzung von) Palästina aufhoben, gab es dort eine funktionierende jüdische Gesellschaft. Alle Bausteine für einen Staat waren vorhanden: politische Parteien, Gewerkschaften, Ausbildungswesen, Krankenpflege und nicht zuletzt, eine wenn auch geheime, so doch disziplinierte Verteidigungsorganisation, die die kleinen »Terrororganisationen« bekämpfte, die es ebenfalls gab. Zum Beispiel überantwortete man den Briten solche Juden, die als Terroristen eingestuft wurden.

Der Nutzen dieser Politik sollte sich später erweisen, als David Ben Gurion, der Anführer des neugeborenen israelischen Staats, ohne zu zögern Gewalt gegen ein Schiff anwendete, das Menachem Begins »Etzel«-Miliz mit Männern und Waffen ausstatten sollte, die in Europa angeworben und gekauft worden waren. Denn für Ben Gurion gab es nur eine Armee, und die folgte den Anweisungen der politischen Führung.

Die Situation lässt sich mit Abu Mazens Schwierigkeiten vergleichen, vor allem mit der Hamasmiliz, aber auch mit anderen bewaffneten Gruppen. Den »bewaffneten Arm« der Hamas und anderer Gruppen zu entwaffnen, könne zu einem Bürgerkrieg führen, fürchtet der Präsident des Landes.

Schweden und die Europäische Union müssten wohl deutlich zum Ausdruck bringen, dass ein gelungenes Staatsgebilde eine einheitliche Verteidigungsmacht voraussetzt, in der keine Extratouren erlaubt sind. Eine palästinensische Polizei und ein palästinensisches Militär können nur ausgebildet werden, wenn eine politisch geeinte Führung die Verteidigungsmacht kontrolliert und dafür sorgt, dass Kenntnisse und Waffen nicht nach außen gelangen.

Der Grundstein eines auf Dauer stabilen Staatsgebildes ist selbstverständlich eine funktionierende Demokratie. Hier steht Schweden, und mit ihm alle, die das Wohl des palästinensischen Volks in einem eigenen, unabhängigen Staat sehen, vor einem Dilemma.

Das palästinensische Volk hat weder politische Selbstständigkeit noch Demokratie jemals kennengelernt. Es besteht überwiegend aus einer Clan-Gesellschaft, in welcher der Clan und die Großfamilie im weitesten Sinne maßgebend sind. Aber ein demokratisches Staatsgebilde setzt die Loyalität des Individuums gegenüber mehreren Akteuren voraus: dem Clan, der Großfamilie, einer politischen Partei. Das wiederum setzt auch Respekt den anderen Parteien gegenüber voraus, und all dies unter dem Dach eines gemeinsamen Staats.

Die palästinensische Clan-Gesellschaft zu zerschlagen, könnte sich jedoch als verhängnisvoll erweisen. Hingegen sollte es möglich sein, sie sozusagen zu erweitern, und zwar nicht zuletzt durch die Unterstützung der palästinensischen Frauen. Ich denke dabei an die kleinen Kollektive von Frauen, die während der Ersten Intifada alles produzierten, von Marmelade bis hin zu gestrickten Pullovern. Die Männer hatten damals ja ihre Arbeit in Israel verloren. In vielen Fällen waren nun die Frauen die Versorger der Familie, und sie entwickelten dadurch ein neues Selbstwertgefühl. Schweden und andere EU-Länder müssten praktisch und ökonomisch in weit größerem Umfang Frauenkollektive unterstützen können.

Die Frage, ob Staatsgebilde oder ein auf Clans basierendes Regierungssystem, ist kompliziert. Ich glaube, man darf keinesfalls das eine mit dem anderen verwechseln oder glauben, die beiden seien austauschbar. Wir erwarten vom Staat, dass er seinen Auftrag erfüllt, indem er Ausbildung, Krankenpflege, Sozialdienste zur Verfügung stellt. Mit unseren Steuern bezahlen wir dafür. In Palästina kümmern sich die Anführer der Clans oder der Großfamilie um die Bedürfnisse der Bürger. Je näher man diesen steht, umso größer ist die Chance, in der Not Hilfe zu erhalten. So sind es zwangsläufig bei weitem nicht die Fähigsten, die in der palästinensischen Selbstverwaltung Posten bekleiden, sondern diejenigen, die dem Minister, seinem Clan und / oder der Großfamilie am nächsten Stehenden.

Dieses System als »korrupt« zu bezeichnen, vereinfacht die Sache zu sehr, finde ich. Wer eher durch seine Beziehungen als durch Fähigkeiten einen Job bekommen hat, von dem wird nämlich erwartet, dass er bei der Versorgung einer großen Zahl arbeitsloser Personen mithilft.

Etwas ganz anderes ist die verbreitete Korruption, durch die finanzielle Wirtschaftshilfe direkt in private Taschen fließt, und / oder mit Hilfe derer man sich ein Monopol beim Import lebenswichtiger Bedarfsartikel, wie zum Beispiel Zement, beschafft. Dies gilt leider auch für eine große Zahl von NGO's (Non-Governmental Organizations), die unter anderem mit den Geldern von SIDA (Swedish International Development Agency) betrieben werden. Man kann sich wirklich fragen, ob die zirka dreieinhalb Millionen Palästinenser für den Schutz ihrer Menschenrechte tatsächlich mehr als fünfzig NGO's brauchen. Meiner und der Meinung anderer unparteiischer Beobachter nach arbeiten nur wenige davon effektiv und erzielen Ergebnisse.

Vielleicht wäre es für die palästinensische Staatsbildung hilfreich, unparteiische Wirtschaftsprüfer einzustellen, die untersuchten, wie die Wirtschaftshilfe in den unterschiedlichen Bereichen verwendet wird. Ausbildung ist ein anderes Gebiet, auf dem Schweden und die EU beim Aufbau des Staates mithelfen könnten. Natürlich sind viele Palästinenser hochgebildet, und noch viele mehr würden ihren Kindern alle Ausbildung zukommen lassen, die man bekommen kann, doch fehlt es ihnen an den finanziellen Möglichkeiten. Außerdem herrscht in zu vielen Schulen noch der alte Kadavergehorsam, und gelernt wird nach der Papageienmethode – leeres Nachplappern dessen, was der Lehrer sagt. Abweichende Meinungen zu äußern ist fast undenkbar.

Hier sollte doch Schweden, gemeinsam mit anderen Ländern, unschätzbare Hilfe leisten können, indem es palästinensischen Pädagogen eine Ausbildung zukommen lässt, die ihnen helfen kann, das hierarchische Schulsystem aufzubrechen und die Schüler zu freien, selbstständig denkenden Individuen auszubilden, den wichtigsten Elementen des neuen palästinensischen Staats.

Auch die palästinensische Krankenpflege braucht Unterstützung. Eine Anzahl israelischer Ärzte hat ein Modell für Zusammenarbeit und Weiterbildung interessierter palästinensischer Kollegen ausgearbeitet. SIDA hat jedoch kein Interesse daran gezeigt. Ich finde das schade, weil viele Palästinenser keine fortschrittliche medizinische Betreuung bekommen, aber auch, weil die professionelle Zusammenarbeit zwischen palästinensischen und israelischen Ärzten ein wichtiger Teil des Staatsaufbaus werden könnte.

Eine politische Bewegung pflegt drei Phasen zu durchlaufen. Das lässt sich auch für die Palästinenser sagen und sollte bedacht werden, wenn man den Aufbau eines palästinensischen Staats unterstützen will.

In der ersten Phase sind es die Idealisten, die für die Sache brennen, sehr hohe Ansprüche haben und für die Kompromiss ein hässliches Wort ist. In der zweiten Phase setzt eine gewisse Ernüchterung ein, und immer mehr sehen ein, dass ein gesunder politischer Realismus das politische Ziel nicht kompromittiert. In der dritten Phase haben die meisten verstanden, dass Politik die Kunst des Möglichen ist.

Ich glaube, Schweden kann im Rahmen der EU viel dazu beitragen, einem Palästinenserstaat auf die Beine zu helfen, indem es mit Wort und Tat die Kräfte unterstützt, die schon Phase zwei oder sogar drei erreicht haben. In der Koalitionsregierung, die derzeit gebildet wird, gilt es genau zu beobachten, inwieweit die Hamas in der Praxis dazu bereit ist, Israels Existenzrecht innerhalb gesicherter und anerkannter Grenzen zu akzeptieren.

Bisher hat die Organisation beharrlich widersprüchliche und doppeldeutige Signale gesendet. Das schließt einen europäischen Dialog mit der Hamas nicht aus. Wenn dieser aber fruchtbar werden und beim Zustandekommen einer friedlichen Lösung des Israel-Palästina-Konflikts helfen soll, muss man sich dessen bewusst sein, dass sich die Führung der Hamas, nicht aber die Mehrheit der Bevölkerung, noch immer in Phase eins befindet.

21.3.2007

VIII

Sprache, Düfte, Plätze

Iwrit

Hilfe! Hilfe! schreit der Mann, der offenbar dabei ist, im Mittelmeer zu ertrinken. Allerdings ruft er auf Hebräisch: Hatzilu! Hatzilu! Ein älterer Mann, der am Strand entlang spaziert, wird auf ihn aufmerksam, und kommentiert das Schauspiel achselzuckend: »Ha! Hebräisch kann er. Schwimmen sollte er können!«

Diese israelische Geschichte lässt sich gut weiterspinnen. Der Nichtschwimmer hatte natürlich die schwarze Flagge gesehen, die anzeigt, dass Baden verboten ist. Ist man aber ein Machoisraeli, dann ist die schwarze Flagge eine unmittelbare Herausforderung. Noch so eine Verordnung dieser Behörden, die ignoriert werden muss.

Der Zeitpunkt dieses Wettstreits zwischen Sprach- und Schwimmkenntnissen müsste in der ersten Hälfte des 20. Jahrhunderts liegen, in den zwanziger und dreißiger Jahren, als die Zionisten der reinen Lehre sich körperlicher Arbeit widmen und hebräisch sprechen sollten. Dieser »neue« Jude sollte »das Land urbar machen«, wie es hieß (häufig in aller Unschuld, glaube ich). Als das vielleicht wichtigste Symbol für diese »Pionierarbeit« wählte man Hebräisch als Landessprache. Nicht Deutsch, wie es sich Theodor Herzl, der Vater des Zionismus, vielleicht vorgestellt hatte, und noch weniger Jiddisch, die

Sprache der gedemütigten und ängstlichen osteuropäischen Ghettojuden.

Nein, hier sollte eine Sprache, die seit zweitausend Jahren im Großen und Ganzen nur in religiösen Zusammenhängen benutzt worden war, wieder zum Leben erweckt und zur Alltagssprache werden. Es kostete eimerweise Schweiß und Tränen, ehe es zur natürlichsten Sache der Welt wurde, auf »Iwrit« (neuhebräisch) zu lieben und zu schimpfen, einzukaufen, moderne Romane zu schreiben und Damenbinden einzukaufen.

Unter den Älteren wagte eine Mehrheit noch immer, in ihrer ursprünglichen Muttersprache zu träumen und zu rechnen. Ich kenne einen Professor an der hebräischen Universität in Jerusalem, der bereits als Zehnjähriger aus Frankreich nach Israel einwanderte, der es aber bis heute einfacher findet, einen russischen Roman, den es sowohl in englischer wie hebräischer Übersetzung gibt, auf Englisch zu lesen.

Als deutsche Juden, die niemals Zionisten waren, begriffen, was los war, versuchten viele von ihnen einen Platz im »Rettungsboot« Palästina zu bekommen. Von allem, was sie erdulden mussten, gehörte der Verlust ihrer Sprache, des geliebten und sorgfältig gepflegten Deutsch, mit zu dem am schwersten zu Ertragenden.

Sie würden ihren Schatz an deutschen Dichtern und Denkern niemals mit ihren Kindern und zukünftigen Enkelkindern teilen können, das war ihnen bewusst. Im Gegenteil, die Kinder schämten sich für das unbeholfene *Iwrit* ihrer Eltern.

Vielleicht gehörte der Mann auf der Strandpromenade, der den Ertrinkenden sah, zu denen, die ihre Sprache verloren haben. Vielleicht wollte oder vielleicht konnte er sich keine neue zulegen.

Schrei du doch in deinem Iwrit, mag er gedacht haben, du bist wohl sogar schon damit geboren. Ich weiß, dass ich als ein

Mitbürger zweiter Klasse betrachtet werde, weil ich niemals fließend Hebräisch sprechen werde. Aber ich kann jedenfalls schwimmen! Und dann rannte er los und zog den Ertrinkenden aus dem Meer.

15.9.2005

Das Öde Land

Sechzig Jahre sind eine lange Zeit. Für mich endete da der Aufenthalt im Niemandsland. Wie viele Auschwitzgefangene verließ ich das Lager, um auf den sogenannten Todesmärschen durch Deutschland getrieben zu werden.

Erst bei Kriegsende, Anfang Mai 1945, kam meine Befreiung.

Aber was heißt Befreiung? Von Körper und Seele? Der Körper wurde befreit und heilte, so gut es eben ging. Aber die Seele gehörte einer Überlebenden, und überleben ist nicht dasselbe wie leben. Nicht wirklich. Die Wunden des Körpers kann man heilen, mehr oder weniger. Aber in irgendeinen Winkel der Seele ist die Erinnerung an Das Öde Land eingebrannt. Genauso unauslöschlich wie die Nummer auf dem Arm. A 37 09 meldet sich zur Stelle.

Jawohl, Frau Lagerführerin.

Und das Wissen um die Einsamkeit. Dass es niemals jemand verstehen wird, nicht wirklich. Mit T. S. Eliots Worten müsste ich sagen können: »I am Lazarus, come from the dead, / Come back to tell you all, I shall tell you all.« Aber welchen Sinn hätte das, wenn man anschließend, ebenfalls mit den Worten des Dichters, gezwungen wäre zu sagen: »That is not what I meant at all. / That is not it, at all.«

Früh habe ich gelernt, dass die Menschen, von ganz wenigen Ausnahmen abgesehen, nicht einmal zuhören wollen. Außerdem fehlten mir wohl die richtigen Worte, falls es sie gibt. Und dann gab es ja Das Leben. Kinder, die geboren werden wollten und sollten, und versorgt, nach bestem Vermögen. Und Männer und Arbeit, und noch einmal Arbeit. Alles nahm ich dankbar entgegen, um seiner selbst willen, aber auch, weil das alles Das Öde Land bevölkerte.

Aber selbst der Überlebende altert.

Das Leben, die Kräfte und die Energie schrumpfen. Die Einsamkeit breitet sich aus und die Verteidigungsmauern stürzen ein. Spätestens da weiß man: Es gibt kein Entkommen mehr aus Dem Öden Land.

Das geht nie vorbei. Nie.

27.1.2005

Für Primo Levi

Solange der Tag dauert, solange wir Kraft und Vermögen haben, werden wir Dein Werk fortsetzen: *tikun ha olam* – die Welt wiederherstellen, sie heilen. *Tikun ha olam* – die jüdische Tradition lehrt uns, dass dies die Aufgabe des Menschen ist. Du hast, wie ich, versucht, die Worte als Werkzeug zu benutzen. Dennoch wissen wir, dass unsere Worte, dass die Gebärden der anderen die in Auschwitz zerbrochene Welt nicht zu heilen vermögen, dass sie nicht ausreichen, den Riss zu dichten, durch den das tödliche Gas noch immer dringt und die Welt vergiftet, unser aller Welt.

1988, aus Anlass des Selbstmords von Primo Levi

Gedenkräume

Tagelang waren alle Blicke auf Berlin gerichtet. Nicht nur die deutschen, sondern Medien aus der ganzen Welt berichteten über die Eröffnung der neuen Gedenkstätte Deutschlands, die den Opfern des Holocaust gewidmet ist. Selbst wenn der Einweihung langjährige Streitigkeiten über die architektonische Gestaltung des Werks, über das Material und anderes mehr vorausgingen, so kann doch niemand bestreiten, dass die Wahl des Platzes richtig war. Hier, wo das Herz des Bösen und der Angst schlug, wird nun mit Peter Eisenmans Schöpfung der Opfer gedacht: ein 90 000 Quadratmeter großes Labyrinth, bestehend aus 2711 schwarzgrauen Betonstelen.

Die Anlage könnte dazu verführen, sie beim Familienausflug zu benutzen, von den Stelen herunter zu springen oder zwischen ihnen Versteck zu spielen. Viele haben protestiert, aus Angst vor einem solchen Sakrileg, einer solchen Entweihung eines Kunstwerks, das Millionen von Juden gewidmet ist, für die es weder Familie noch Ausflüge und auch kein Versteckspielen geben konnte. Meine Überlegungen gehen in eine ganz andere Richtung.

An eben diesem Platz will ich lebendige Kinder sehen, die spielen: weiße, schwarze, gelbe Kinder. Und Erwachsene: Christen, Moslems, Juden, Atheisten, ja, egal welchen Glaubens. Mögen sie sich auf Lars Gyllenstens Worte besinnen: »Das Vergangene ist unserer Barmherzigkeit ausgeliefert.« Aber in diesem Zusammenhang vor allem auf folgende: Erlaubt nicht, dass dem Bösen jener Zeit und dem Grausamen, dessen Zeugen wir täglich sind, eine tränenfeuchte und sentimentale »Barmherzigkeit« erwiesen wird.

Für die Toten ist es zu spät. An sie zu erinnern ist die einzige Barmherzigkeit, die ihnen die Lebenden erweisen können. Das Vergangene nicht zu leugnen. Immer wieder die Frage zu stellen: Wie konnte das geschehen? Beantworten können werden wir sie nie, nie richtig. Aber jedes Mal, wenn jemand sie stellt, ist das ein Akt der Barmherzigkeit. Jemand erinnert sich und will sich an das Vergangene und an die Toten erinnern.

Wir haben in den letzten Jahrzehnten lernen müssen, dass selbst Schweden eine historische Schuld hat, auch wenn sie nicht mit der der Deutschen verglichen werden kann. Jeder Deutschlandtourist, und alle, die von deutscher Kultur gehört haben, können vermutlich den Wohnort des »großen Goethe« auf der Landkarte lokalisieren. Aber nicht so viele wissen, dass Weimar in nächster Nähe eines seinerzeit besonders berüchtigten und gefürchteten Konzentrationslagers liegt: Buchenwald. Zum Lager gehörten mehrere sogenannte »Außenlager«, wo die Gefangenen geschunden wurden, bis sie nur noch Haut und Knochen waren: fertig zur Hinrichtung.

Eines davon lag bei dem kleinen Ort Ramsdorf. Hier machte vor kurzem eine junge Frau in ihrem Garten einen makabren Fund. Lebt man in Deutschland und gräbt in seinem Garten, kann sich die Redensart »Die Sonne bringt es an den Tag« auf unheimliche Weise bewahrheiten: Da sie Krankenschwester ist, weiß die Frau sofort, dass es sich um einen menschlichen Schenkelknochen handelt, den sie ausgegraben hat. Sie ruft die Polizei an. Als dem Wachhabenden klar wird, dass der Knochen mindestens fünfzig Jahre alt ist, verliert er das Interesse.

»Werfen Sie ihn einfach weg«, rät er der Frau. Aber für sie ist nach diesem Ereignis nichts mehr, wie es war, weder ihr Garten noch ihr Dorf.

Ich hoffe, dass sie sich stattdessen an den sehr alten Lehrer aus Ramsdorf gewandt hat. Er hat als selbsternannter Chronist des Orts enorm viel Material gesammelt. Es zeigt, dass die Dorfbewohner sehr wohl gewusst haben müssen, was um die Ecke passierte, hinter dem Dorfkrug und ihren eigenen Gärten.

Keiner von ihnen zeigt jedoch Interesse an dem Material des Chronisten. Wie wäre es, wenn man einen Gedenkraum einrichtete? Dort könnte der Schenkelknochen einen letzten Ruheplatz finden. Der Dorfschullehrer nimmt auf jeden Fall einen Ehrenplatz ein unter den Gerechten und Barmherzigen.

26.5.2005

Das Zeitliche

Es gibt Worte und Redensarten, die man – inzwischen – nur noch selten benutzt. Vielleicht behalten sie deshalb ihren Glanz und ihren Zauber? Vor kurzem stieß ich auf den Ausdruck »das Zeitliche segnen«. Da kommt die Phantasie in Schwung. Die Wendung drückt fast etwas Freiwilliges aus: Wer segnet, ist aktiv, nicht passiv.

Sie erinnert an die Bachkantate »Ich habe genug«, womit ja keinesfalls gemeint ist: »mir reicht es«, sondern dass man sein Leben bis zur Neige gelebt hat und nun bereit ist, Abschied zu nehmen. Dieser Zustand ist wohl eine Gnade, um die man still beten kann. Manchem ist es vergönnt, unauffällig, widerstandslos, fast unmerklich zu gehen. Sich in Charons Kahn über das dunkle Wasser an ein anderes Ufer bringen zu lassen.

Aber dann sind da auch wir anderen, wohl die meisten, die »das Zeitliche« nicht loslassen können oder wollen. Wir sind wie das kleine Kind, das gerade stehen gelernt hat. Nachdem es das stolz demonstriert hat und angemessen bewundert worden ist, will sich das müde Kind nun wieder hinsetzen. Aber Hilfe, das geht nicht!

Wie öffnet man die Hand, wie lässt man los?

Mich überkommt manchmal der Gedanke, dass eine ganze Welt, meine Welt, mit mir zusammen sterben wird. Das gilt natürlich für alle Menschen. Alle betrachten die Welt in unterschiedlicher Weise, kein Bild, keine Erinnerung und kein Gefühl gleicht dem andren.

Die Fingerabdrücke, die wir in der Welt hinterlassen, sind einzigartig. Und da ich dazu neige, die Dinge zu beseelen – Animismus nennt man das –, kann ich dann und wann einen Vorgeschmack von der Trauer des Abschieds empfinden. Was wird aus meiner Kaffeetasse und aus Großmutters schönen alten Stühlen? Wer wird über die Erinnerungen lächeln, die bestimmte Gegenstände bei mir hervorrufen? Ich habe den Dingen eine Seele gegeben, und die verschwindet mit mir. Kann ein anderer ihnen vielleicht eine andere und neue Seele verleihen?

Das Zeitliche segnen. Damit ist nicht die Zeit der Stechuhr gemeint, obwohl – die vermutlich auch. Es gibt verschiedene Arten von Zeit. Die Zeit, während der wir in der Schlange vor der Kasse stehen, ist nicht die gleiche wie die, während der wir dem Kind ein Märchen vorlesen.

Manchmal steht die Zeit still, wir steigen aus ihr aus und aus uns selbst. Das kann bei einem intensiven erotischen oder religiösen Erlebnis geschehen. Oder in den – viel zu seltenen – Momenten, in denen es einem gelingt, hochkonzentriert aus der Zeit heraus- und in die Zeitlosigkeit eines Kunstwerks, eines Musikstücks oder eines Textes einzutreten.

Es gibt die Gelegenheiten, bei denen der gewöhnliche Zeitbegriff keine Gültigkeit hat. Und vielleicht ist es so, dass wer »das Zeitliche segnet« wirklich in eine andere Zeit eintritt. Zeitlos. Ich will allerdings noch eine Weile in dieser Zeit bleiben. Hier sind die, die mir nahe stehen, die ich liebe – und die Kaffeetasse. Die Zeitlosigkeit muss noch ein bisschen warten.

ohne Datum

Religionen

Als wir im Zentrum von Stockholm wohnten, gingen zwei meiner Kinder in die Hillelschule, die jüdische Grundschule an der Nybrogata. Ich gehöre zu den Überlebenden und habe deshalb, fand ich, eine gewisse Schuldigkeit denen gegenüber, die nicht überlebt haben. Vor allem den Kindern gegenüber, die niemals Erwachsene werden durften. Tag für Tag sah ich sie in Auschwitz, wie sie getrost an der Hand der Mutter den Weg entlang stapften, auf das Ziel zu, von dem es keine Rückkehr gibt.

Als Erwachsene, im sicheren Schweden, war mir als Mutter von gesunden, furchtlosen Kindern eine kleine, verschwindend kleine Möglichkeit für *tikkun ha olam* gegeben. In geringem Maß und in aller Demut bei der Aufgabe zu helfen, die nie vollendet werden kann (außer vielleicht beim Jüngsten Gericht): unsere blutige, in Stücke gegangene Welt zu reparieren, wiederherzustellen. Nein, ich hatte nicht die Absicht, meinen Haushalt auf den Kopf zu stellen und rituelle Essenszubereitung einzuführen, so etwas sind für mich symbolische Äußerlichkeiten.

Ich erwartete von der Hillelskola, dass streng dem schwedischen Lehrplan gefolgt wird, aber dass den Kindern auch einige grundlegende Kenntnisse vom Denken des jüdischen Volks, von seiner Moral und seiner Geschichte vermittelt werden. Dass man sich vorstellen kann, keinen Weihnachtsbaum zu haben, aber eine Chanukka. Beim nächsten Mal, wenn jemand verachtungsvoll sagt: »Ihr seid wohl Juden?« sollt ihr ruhig und selbstverständlich antworten können: »Ja, das sind wir, und darauf sind wir stolz.« Dachte ich.

Gleichzeitig wollte ich natürlich, dass die Kinder Anteil an jener christlichen Geistigkeit haben sollten, die mein Zuhause als Kind geprägt hatte und die Schweden seit Jahrhunderten förmlich durchdrungen hat und es – aller Säkularisierung zum Trotz – bis heute insgeheim tut. Allerdings sollte es dabei nicht um den Weihnachtsmann und die kirchliche Trauung gehen, für meine Kinder war nur das Echte gut genug. Und zum Glück wusste ich, wo das zu bekommen war: bei den Dominikanernonnen in der Villagata. Ich glaubte, für die Schwestern sei vollständig klar, dass es hierbei nur um Wissensvermittlung ging, nicht ums Missionieren!

Ich wusste, dass ich die Seelen der Kinder einmal in der Woche ruhig den behutsamen Händen der Schwestern übergeben konnte.

Aber unter meinen Freunden herrschte Aufruhr. Wie konnte ich! Indem ich die Kinder an verschiedenen Glaubensrichtungen Anteil nehmen ließ, stiftete ich in ihren kleinen Köpfen Verwirrung! Das konnte zu Traumatisierung führen, zu Angst, bis hin zu Psychose! Arme Kinder!

Aber ich lese ihnen doch auch jeden Abend verschiedene Gutenachtgeschichten vor, ist das vielleicht auch gefährlich? Du begreifst es nicht, seufzten die Freunde. Diese Menschen in der Hillelschule und die in der Villagata, die GLAUBEN doch an das, was sie deinen Kindern erzählen. Derselbe Mann, der ihnen beibringt, dass zwei plus zwei vier ist, behauptet in »Reli«, dass sich das Rote Meer teilte, damit die Kinder Israels trockenen Fußes ans andere Ufer gelangen konnten. Er GLAUBT das doch, genau so wie die Nonnen GLAUBEN, dass Jesus von Nazareth der Erlöser war / ist, auf dessen Ankunft die Juden noch immer warten.

Was soll eine arme Mutter tun, wenn die Psychologen ein Machtwort sprechen? Die Kinder fragen, was denn sonst. Ich räusperte mich, und ich stotterte, aber der Junge hatte eine rasche Auffassungsgabe. Ach, du überlegst, ob das in unserem Kopf ein einziges Durcheinander gibt, wenn wir in die Hillelschule und zu den katholischen Schwestern gehen? Du kannst ganz ruhig sein. Ich höre dem zu, was sie in der Schule sagen und auch dem, was die Schwestern sagen. Später, wenn ich mal groß bin, entscheide ich selbst, was ich denke.

22.12.2005

Mut

Es ist jetzt so lange her, gut vierzig Jahre. Ich glaube, dass ich mich der Erinnerung zuwenden kann. Es geht um Mut, moralischen Mut, und um einen jungen Arzt, der in einem wichtigen Augenblick solchen Mut bewies. Es geht um eine der schmerzlichsten Stunden in meinem Leben, als eines meiner Kinder an Krebs starb.

Daniel war immer kerngesund gewesen, ein begeisterter Fußballspieler, aber auch ein Kind, das sehr sensibel wahrnahm, was in den Menschen seiner Umgebung vorging oder in den Büchern, die er verschlang. Es genügt zu sagen, dass die Verlegung von einem heute geschlossenen Kinderkrankenhaus auf die Kinderstation der Universitätsklinik Karolinska Sjukhus ein Segen war (das Astrid Lindgren Kinderkrankenhaus gab es damals noch nicht).

Im ersten Krankenhaus hatte eine Art steriler Kadavergehorsam geherrscht. Hingegen bot das Karolinska so etwas wie einen weichen Schoß, auf dem man Trost fand. Man scheute keine Mühe, um die Ursache für die Qualen zu finden, die mit etwas so Banalem wie heftigen Zahnschmerzen begonnen hatten. Binnen kurzer Zeit zeigten sich bei dem Kind unendlich viele andere Symptome, die einen permanenten Krankenhausaufenthalt verlangten.

Aber nichts ließ sich finden, worauf man den Finger hätte legen können, nichts, was man hätte wegschneiden oder durch Medikamente beseitigen können. Die Hilflosigkeit der Ärzte und die offen gezeigte Verzweiflung über ihre Unzulänglichkeit wurden mir eine Art Stütze, so paradox das klingen mag.

Ich verstand ihre Hilflosigkeit und sie verstanden meine.

Wir nahmen Anteil an unserer gegenseitigen Verzweiflung.

Ich konnte die Qualen meines Kindes nicht lindern. Ich konnte die meiste Zeit nicht einmal bei ihm sein. Ich hatte noch zwei Kinder, um die ich mich allein zu kümmern hatte, und eine Arbeit. Eines Tages, als ich mich von Daniel verabschieden musste, und er mich bat, doch zu bleiben, »nur noch einen kleinen Moment«, war es besonders schwer.

Da griff die Ärztin ein, die auch im Zimmer war.

»Gehen Sie«, sagte sie zu mir, »wir versprechen, uns so um Daniel zu bemühen, dass er es kaum merkt, wenn Sie gegangen sind.« Später erklärte sie mir, dass meine Schuldgefühle, die sie natürlich bemerkt hatte, meinem Sohn nicht halfen. Sie verstärkten eher noch seine Angst. Natürlich spüren Kinder Angst. Nicht nur die Angst, dass etwas weh tut, sondern Angst vor etwas, das sie nicht benennen können, von dem sie aber spüren, wie es näher kommt.

Und dann kamen die letzten schweren Tage. Vor Daniels Zimmer traf ich anschließend einen sehr jungen Arzt, der meinen Sohn bei einem Nachtdienst kennengelernt hatte. Eigentlich arbeitete er auf einer anderen Station, aber nach dieser Nacht und dieser Begegnung kam er ab und zu, um Daniel zu besuchen.

»Es war so leicht, diesen Jungen gern zu haben«, sagte er.

»Und wissen Sie, im Grunde bin ich dankbar, dass wir die Ursache der Krankheit nicht früher entdeckt haben. Hätten wir sie früher herausgefunden, hätten wir eine schmerzhafte Behandlung einleiten müssen, die ihn doch nicht hätte heilen können, sondern seine Qualen nur um einige Wochen verlängert hätte.«

Danke, wollte ich sagen.

Danke, dass du dich traust, mir das zu sagen. Wie oft hatte ich nicht zu dem Gott, an den ich nicht glaube, gebetet, er möge Daniel sterben lassen, jetzt. Und dann kommst du mit dem Mut der Unschuldigen und befreist mich von meiner Gewissensqual. Danke. Diese Erfahrung will ich gerne mit allen teilen, die sich täglich in der Nähe des Todes bewegen.

16.3.2006

IX

Gazastreifen und Westjordanland

Die Israelis und ihre Politiker

Am selben Tag, an dem ein Erdbeben Israel erschütterte, bei dem jedoch kein Mensch und kein Haus zu Schaden kam, wurden im Gazastreifen fünfzehn Menschen getötet. Unter den Getöteten und den mehr als dreißig Verletzten waren viele unbewaffnete Zivilisten.

Am folgenden Tag spricht man in Israel von nichts anderem als dem Erdbeben. Die Medien berichten auf den ersten Seiten von früheren Beben, geben Ratschläge und stellen Vermutungen auf.

Die fünfzehn Toten im Gazastreifen sind, von wenigen Ausnahmen abgesehen, auf den Raum eines kleinen Artikels im Innern der Zeitungen verbannt. Obgleich alle wissen, dass dieses Blutvergießen in Gaza, anders als das Erdbeben, viele Todesopfer unter den Israelis fordern wird.

Wie viele, wissen wir nicht. Aber wir wissen, dass das letzte Bombardement eines Busses, am 30. Januar in Jerusalem, einundzwanzig Menschen das Leben kostete. Die Palästinenser erklärten, es handele sich dabei um eine Vergeltungsaktion für die neun Einwohner von Gaza, unter ihnen Kinder und andere Zivilisten, die am Tag zuvor bei einem Zusammenstoß mit der israelischen Armee getötet worden waren. Wie viele werden es dieses Mal sein, wenn die Vergeltung kommt?

Und seien Sie sich gewiss, dass sie kommt.

Besonders entmutigend ist, dass dieser Kreislauf der Gewalt unterbrochen werden könnte, jedenfalls dieses Mal. Zeev Schiff, dem bekanntesten und angesehensten militärischen Kommentator zufolge, hatten die Soldaten, die in den Norden Gazas eindrangen, »kein bestimmtes Ziel, sondern sie versuchten lediglich, einen bewaffneten Konflikt mit dem bewaffneten Arm der Hamas vom Zaun zu brechen«. Diese Strategie ging auf. Kaum hatten die israelischen Panzer ihre ersten Schüsse abgegeben, strömten Palästinenser mit automatischen Waffen hinzu.

Aber das war, wie Schiff hervorhob, für die technologisch hochgerüsteten Israelis ein leichtes Spiel. Dem offiziellen militärischen Sprecher zufolge kam es allerdings zu »heftigen Kämpfen« – bei denen die israelischen Truppen, sonderbarerweise, nicht eine Schramme davontrugen.

Was war der eigentliche Sinn dieser israelischen Demonstration von Stärke? Der Sinn war ein politischer, kommentierten Zeev Schiff und andere Beobachter. Die Aktion sollte den Palästinensern demonstrieren, dass Scharons Absicht, die israelischen Siedler aus Gaza abzuziehen, auf keinen Fall als Sieg des palästinensischen Widerstands über die Besatzung interpretiert werden darf. Für viele hohe Tiere innerhalb des Militärs und des Sicherheitsdienstes sowie unter den Politikern gilt das Motto: Seht zu, dass sich die Palästinenser nicht siegreich fühlen, sonst werden sie nur selbstherrlich.

In diesem Zusammenhang kann vielleicht daran erinnert werden, dass der erste wichtigste Friedensvertrag Israels, der mit Ägypten, nur abgeschlossen werden konnte, weil der damalige ägyptische Präsident Anwar al Sadat in dem Glauben lebte, und seine Landsleute von diesem überzeugte, dass Ägypten im Krieg 1973 Israel besiegt hatte. So war es nicht, eher im Gegenteil. Jedoch war Israels damaliger Befehlshaber, der Rechte Menachem Begin, so weise und großzügig, Sadats Siegesmythos nicht zu zerstören. Sonst hätte es keinen Friedensvertrag gegeben.

Vielleicht vermittelt die letzte Meinungsumfrage einen Eindruck davon, warum sich die Israelis mehr für ein – in diesem Fall – harmloses Erdbeben, für Streiks und die Erhöhung der Brotpreise interessieren, als dafür, welchen Kurs ihre politische Führung eingeschlagen hat.

Die traurige Antwort scheint die zu sein, dass sich die Israelis auf ihre Anführer und auf das, was sie sagen, nicht verlassen, aber auch nicht auf ihre Gesellschaft, mit anderen Worten: auf einander. 51 Prozent der Befragten sind nicht der Meinung, dass Ariel Scharon ein zuverlässiger Premierminister ist. Wenn der Finanzminister, der ehemalige Premierminister Netanjahu, verkündet, Israel befinde sich auf dem Weg aus der Rezession – glauben ihm ganze 81 Prozent kein Wort.

68 Prozent sind der Auffassung, die Politik der Regierung schwäche den sozialen Zusammenhalt, während 73 Prozent sich der Behauptung anschließen, Israel sei auf dem besten Weg, sozial zu kollabieren. 68 Prozent meinen, für diese traurige Tatsache sei die Regierung verantwortlich. Und 70 Prozent finden, das Gefühl für Solidarität und Einheit in der Gesellschaft sei während der letzten drei Jahre zurückgegangen.

Ein trauriger Mangel an Vertrauen der Menschen zueinander und in ihre Regierung ist das Fazit. An einem Erdbeben lässt sich nicht herumdeuteln, das ist, was es ist, das lässt sich auf der Richterskala ablesen.

15.2.2004

Die Siedler in Gaza vor dem Auszug

Wäre es nicht so tragisch, könnte man es im Grunde als absurde Komödie ansehen. Ja, wir sprechen von Israels Auszug aus dem Gazastreifen, der in drei Wochen beginnen soll. Den Berichten in israelischen und auch einigen ausländischen Medien nach zu urteilen, stehen wir vor dem Ausbruch des dritten Weltkriegs, dem Zerfall der Gesellschaft, einer Revolte in der Armee und sogar einem Bürgerkrieg.

Und welche riesigen, schicksalhaften Aktionen geben den Anlass für alle diese Prophezeiungen eines Jüngsten Gerichts? Die Tatsache, dass Israel in guter demokratischer Manier, mit Abstimmungen in der Regierung und im Parlament, beschlossen hat, den besetzten Gazastreifen zu verlassen. Junge Israelis sollen nicht mehr Leib und Leben riskieren, wenn sie als wehrpflichtige Soldaten abkommandiert werden, um über den ruhigen Schlaf von zirka eintausendfünfhundert israelischen Siedlerfamilien zu wachen oder um tagsüber irgendwelche Kinder zu ihren Klavierstunden oder anderen Freizeitaktivitäten in Israel selbst zu eskortieren.

Da alle Siedler im Gazastreifen religiös Orthodoxe sind, nehmen sie es genau damit, das Gebot der Schrift, sich zu vermehren, zu erfüllen. Die gesamte israelische Bevölkerung im Gazastreifen umfasst sieben- bis achttausend Menschen, die große Mehrheit davon sind kleine Kinder. Da lässt es sich leicht ausrechnen, welche Ressourcen man im Laufe der Jahre auf diesen Bruchteil der Bevölkerung verwendet hat.

Gewöhnliche Menschen, nicht zuletzt die Israelis, die arbeitslos sind und im Unterhemd in kleinen, schlecht geplanten Wohnungen, in den sogenannten »Entwicklungsorten«, sitzen und schwitzen, können jetzt mit großen Augen den Lebensstil der »Pioniere« in Gaza bestaunen. Bekannte Journalisten und Politiker halten das Feuer am Brennen, indem sie immer wieder in

Nahaufnahme die schönen weißen Häuschen mit den roten Ziegeldächern, den gepflegten Gärten und, nicht selten, mit Meerblick zeigen. Hier gibt es wunderbaren Sandstrand – zu dem palästinensische Kinder, von den Erwachsenen ganz zu schweigen, natürlich keinen Zugang haben.

Welche Erleichterung würde dieser für die Palästinenser in den Flüchtlingslagern bedeuten, nur einen Steinwurf entfernt! Ein Steinwurf, das war es – vielleicht begreift jetzt der eine oder andere, warum so viele palästinensische Kinder mit solcher Begeisterung Steine werfen. Die gewöhnlichen Mr und Mrs Israel waren bis jetzt vor allem auf die eigene Geschichtsschreibung der Siedler beschränkt. Derzufolge sind die Siedler in Gaza »Pioniere« im Stil der hart arbeitenden Männer und Frauen, die Anfang des letzten Jahrhunderts in Zelten lebten, Sümpfe trockenlegten und Straßen bauten.

Jetzt begreift der israelische Steuerzahler, dass er/sie den attraktiven Lebensstil der Siedler mit den großzügigen Subventionen finanziert, die verschiedene Regierungen den Siedlern in den besetzten Gebieten zufließen ließen, auch im Gazastreifen. Die Siedler selbst sehen ein, dass das öffentliche Interesse an ihnen derzeit zu einem Imageproblem für sie werden kann. Deshalb werben sie bei ihren vielen Demonstrationen um Verständnis und um das Mitgefühl der Allgemeinheit, wofür sie fleißig eine Zeile aus einem bekannten Lied benutzen: »Was gepflanzt wurde, reißt man nicht heraus«. Sie verweisen damit auf ihren hauptsächlichen Erwerbszweig: Gewächshäuser, in denen Topfpflanzen, Salat, verschiedene Kräuter und ähnliches angebaut werden. Mit Sicherheit ein gewinnträchtiges Unterfangen.

Es sollte dabei aber doch auch erwähnt werden, dass die Arbeit von Gastarbeitern verrichtet wird, die unter anderem aus Thailand, China und von den Philippinen stammen; die Israelis beaufsichtigen sie. Vor der letzten Intifada, der palästinensischen Revolte, arbeiteten hier Palästinenser. Genau diese Palästinenser hätten ja sonst in den Slogan einstimmen können: »Was gepflanzt wurde, reißt man nicht heraus.« Wobei sie an Zehntausende von Olivenbäumen hätten denken und um diese trauern können; Olivenbäume, die sie, ihre Eltern, Großeltern und Urgroßeltern in den besetzten Gebieten gepflanzt hatten, von denen jetzt aber nur noch Stümpfe übrig sind. Die Bäume verdeckten die Sicht, wenn israelische Scharfschützen palästinensisches Feuer auf israelische Soldaten und Zivilisten erwiderten.

Dass die schönen Tage der Siedler im Gazastreifen gezählt waren, hätten die meisten vor etwa anderthalb Jahren begriffen haben müssen, als Premierminister Scharon zum ersten Mal Andeutungen in diese Richtung machte. Deshalb ist es völlig unbegreiflich, dass nun, knapp einen Monat, ehe der letzte Siedler den Gazastreifen verlassen haben muss, das Chaos herrscht.

Tag für Tag liefern die Medien neue Informationen darüber, wie viele Siedler die Entschädigung akzeptiert haben, die ihnen von der Regierung angeboten wurde. Die Siedler verlangen natürlich eine angemessene Hilfe, um sich eine neue Existenz aufzubauen. Die Frage ist nur: Was ist »angemessen«? Vermutlich begreifen alle Siedler, dass sie sich auf die Dauer Scharon nicht widersetzen können. Derselbe Scharon, der lange zielstrebig alle israelischen Siedler in den besetzten Gebieten ermutigte, wird sich ebenso zielstrebig gegen diejenigen wenden, die sich nicht länger in seine gegenwärtige Planung einfügen.

Dennoch wird man mit blutigen Zusammenstößen zwischen Polizei / Militär auf der einen und Siedlern auf der anderen Seite rechnen müssen. In geringem Umfang hat die Konfrontation schon begonnen, wobei es nicht die Familien mit Kleinkindern unter den Gazasiedlern sind, die mehr oder weniger gewaltsamen Widerstand gegen die Ordnungsmacht leisten. Es sind die fanatischen Bewohner des Westjordanlands und ihre politischen Gesinnungsgenossen, die nach Polizei und Militär treten und spucken. Letztere wiederum stoppen den Versuch der Demonstranten, in den Gazastreifen einzudringen, wo der Endkampf stattfinden soll. Denn, das haben die Demonstranten begriffen, wenn der Block der Siedler im Gazastreifen »fällt«, dann sind auch die Siedlungen im Westjordanland nicht mehr sicher. Scharon hat im Übrigen schon zugesagt, einige davon zu evakuieren. Man muss rechtzeitig Vorkehrungen treffen.

Das Ziel ist deshalb, Zehntausende Israelis »einzuschmuggeln«, die hinreichend fanatisch sind, um demokratische Spielregeln außer Acht zu lassen und den Auszug aus dem Gazastreifen mit allen Mitteln zu verhindern. Besonders, wenn sie geltend machen können, den Segen einiger staatlich entlohnter Rabbiner zu haben.

Die Mehrheit der Gegner des Auszugs wird sich trotzdem mit »passivem Widerstand« begnügen, der bereits zu kleineren Verletzungen wie gebrochenen Fingern und Zehen geführt hat, sowie zu dem Unbehagen, das man erzeugen kann, wenn man andere als »Nazi« beschimpft. Aber es gibt unter den jungen Fanatikern einen explosiven Kern. Sie müssen nicht selbst Siedler sein, obwohl man doch die meisten in den kleinen Siedlungen findet oder in den sogenannten »Außenposten« im besetzten Westjordanland. Dort hat Scharon sich selbst geschadet, indem er früher als Minister für Infrastruktur diesen Typ von Jugendlichen ermunterte, jeden Hügel in Sichtweite zu übernehmen. Manche dieser Außenposten sind nur von einigen wenigen Menschen bewohnt. Aber aus klein wird groß, und dann wird immer mehr palästinensisches Land konfisziert, um den Zugang zu Elektrizität und Wasser zu ermöglichen sowie um Straßen zu den »Außenposten« zu bauen, die so nach und nach zu einer neuen Siedlung werden. Andere Außenposten, zu denen hin und wieder einzelne Siedler kommen, werden eventuell zunächst nur durch eine Antenne oder ein leeres Ölfass markiert, was aber doch von großer strategischer Bedeutung ist, wie die Jugendlichen erfuhren.

Jetzt hat sich erwiesen, dass die »Außenposten« ein Dorn im Auge des amerikanischen Präsidenten sind. Bush wird sich auf Dauer nicht mit Scharons wiederholtem, aber nie eingehaltenem Versprechen begnügen, sie abzuziehen. Aber die »Jugend der Hügel«, wie einer der Posten sich stolz nennt, beabsichtigt, Bush und Scharon eine Lektion in unbezwinglichem »Widerstandswillen« zu erteilen. Der Gazastreifen ist nur die Generalprobe für das, was uns im Westjordanland bevorstehen kann.

26.7.2005

Offener Brief an Elie Wiesel

Elie. Ich schreibe diesen offenen Brief an Dich in Deiner Eigenschaft als einer der Überlebenden des Holocaust. Wie Du Dich vielleicht erinnerst – wir sind uns einige Male begegnet – gehöre auch ich zu diesen Überlebenden der Vernichtungslager. Unsere Erinnerungen an den Holocaust sind selbstverständlich verschieden und einzigartig, genau wie die Ziffern, die man uns bei der Ankunft in Auschwitz ins Fleisch brannte.

Deine Erinnerung an die Vernichtungslager ist eine andere als die von Imre Kertész, und in *Schindlers Liste*, Spielbergs kitschigem Vernichtungslager-Epos, kann jedenfalls ich »meine« Erlebnisse nicht wiederfinden.

Aber, und das ist des Pudels Kern, wenn Du in verschiedenen Zusammenhängen öffentliche Reden hältst oder Artikel schreibst, hört man Dir mit Hochachtung zu. Das gilt auch, wenn das Thema, über das Du sprichst, nicht der Holocaust, sondern der Friedensprozess zwischen Israel und den Palästinensern ist, der Frieden ganz allgemein oder etwas ganz anderes. Deine Vergangenheit verleiht Deinen Worten zu unterschiedlichen Fragen besonderes Gewicht – ein Gewicht, das sie meiner Ansicht nach nicht verdienen.

Lass mich meine Behauptung mit einem Hinweis auf Deinen letzten Beitrag in The Herald Tribune (22.8.2005) belegen. Darin schreibst Du über Israels Auszug aus dem Gazastreifen und die Evakuierung der Siedler. Ich bin sicher, dass Du nichts mit der Gestaltung der Überschriften Deines Werks zu tun hattest, das hat man an sich nie.

Andererseits kann ich den Redakteur verstehen, der, nachdem er Deinen Artikel gelesen hatte, folgenden peinlichen Titel darüber setzte: »The Dispossessed« (Die Vertriebenen). Dieser stimmt auf jeden Fall mit Deinem tränenfeuchten Lied über das harte Schicksal der »vertriebenen« israelischen Okkupanten überein. Über die Du nämlich schreibst.

Die Fotos von ihrer Evakuierung, schreibst Du, seien »... herzzerreißend. Einige von ihnen sind unerträglich. Wütende Männer, weinende Frauen. Kinder, zu Fuß oder auf dem Arm eines Soldaten, der selbst weinen muss. Lasst uns nicht vergessen, dass diese Männer und Frauen in Gaza 38 Jahre gelebt haben ...«.

Du fährst mit einem Zitat fort, das dem Leser ein Bild vermittelt von dem, was Du beim Anblick dieser versprengten Menschen erlebst, die »ihren heiligen und wertvollen Besitz, ihre Erinnerungen und Gebete, ihre Träume und ihre Toten nehmen müssen, und gezwungen sind, ein Bett zu suchen, in dem sie schlafen, einen Tisch, an dem sie essen können, die ein neues Zuhause finden müssen, eine Zukunft unter Fremden«. Hier, Elie Wiesel, offenbarst du Deine geradezu bodenlose Unwissenheit.

Die israelischen Behörden haben die »Vertriebenen« rechtzeitig überredet, ihnen diverse Angebote für Wohnraum gemacht. Denen, die bereit waren, den Gazastreifen freiwillig zu verlassen, machten sie großartige Angebote, aber die Behörden drohten auch mit dem Stock: Sollten die Siedler nicht bereit sein, die angebotene Umzugshilfe in Anspruch zu nehmen – sie brauchten nicht einmal selbst zu packen! –, und direkten Widerstand leisten, dann würden die sehr großzügigen Entschädigungen verringert werden.

Und, Elie Wiesel, was meinst Du mit einer »Zukunft unter Fremden«, die nun die Okkupanten des Gazastreifens erwarte? Soweit ich weiß, sollen sie doch jetzt nach Hause kommen. Nach Hause nach Israel. Bis jetzt war der Nachbar einer der größten Misthaufen der Welt: Denn seit Jahrzehnten befanden sich die übervölkerten, stinkenden Flüchtlingslager des Gazastreifens gerade um die Ecke von den weiß gekalkten, hübschen kleinen Villen mit dem roten Ziegeldach. Da sahen sich weder die Siedler noch Elie Wiesel zu Klagen veranlasst. Hingegen wissen die Siedler, dass keine noch so großzügige Behörde ihnen einen Wohnraum bieten kann, der auch nur annähernd dem gleicht, den sie verlassen müssen. So eine hübsche kleine Villa mit Garten würde in Israel Millionen kosten.

Was willst Du wirklich, außer einen Klagegesang über »The Dispossessed« anstimmen? Was fehlt, schreibst Du, sei »eine kollektive Geste, die von den Palästinensern hätte kommen müssen, die aber nicht kam«. Welche Geste genau Du erwartet hättest, wird nicht klar gesagt. Hingegen geht aus Deinem Beitrag deutlich hervor, was die Palästinenser nicht hätten tun sollen. »Konfrontiert (im Fernsehen) mit den Tränen und dem Leid ihrer vormaligen Besatzer, den ›Evakuierten‹ (in Deinem Sprachgebrauch), »hätten die Palästinenser«, findest Du, »ihre Freude und ihren Stolz eher dämpfen sollen, statt Militärparaden abzuhalten, bei denen maskierte Kämpfer mit ihren Maschinengewehren in die Luft schießen, als feierten sie einen großen Sieg auf dem Schlachtfeld.«

Aber, das taten diese verstockten Palästinenser nicht.

Vielleicht wird man nach Jahrzehnten der Erniedrigung so? Nach einer Okkupation, die ständig droht, beide Parteien zu militarisieren und zu enthumanisieren? Das gilt nicht immer und nicht für alle, geschah aber viel zu oft.

(Wenn es um die Behandlung der Israelis geht, pflegen die Kritiker mit scheinheiligem Lächeln das Argument vorzutragen: Ja, aber die Juden, die im Laufe der Geschichte so viel gelitten haben, die können sich doch einem anderen Volk gegenüber nicht so verhalten! Manche können und manche können nicht, und wieder andere machen lieber die Augen zu vor allem, was ihre fertigen Bilder erschüttern könnte.

Ich persönlich antworte auf die Frage immer mit einer Gegenfrage: Weißt du, wie viele Kinderschänder als Kinder selbst misshandelt wurden? Antwort: Fast alle. Das Leiden veredelt nicht. Es muss nicht immer zu Verrohung führen, sollte aber auch nicht verschwiegen werden.)

Du, Elie Wiesel, vermengst die Karten, und aus den Besatzern werden die Evakuierten, und aus denen, die einst vertrieben, werden Vertriebene. Da wird es leichter, Großmut zu fordern – von den Palästinensern!

26.8.2005

Ein Jahr nach der Räumung: die Hand reichen

Es ist gerade höchst feierlich: Soldaten, die sich im Dienst ausgezeichnet haben, beim Empfang des Präsidenten. Handschlag mit dem Oberbefehlshaber und viele schöne Worte über die Armee als Rückgrat Israels und Schutz des israelischen Volks. Da passiert es: Unterfeldwebel Hananel Meged-Dayan begrüßt den Präsidenten, macht vor dem Oberbefehlshaber die Ehrenbezeugung (das Reglement schreibt das so vor), weigert sich aber, die ausgestreckte Hand zu ergreifen.

Er ist den Handschlag nicht wert, befindet Hananel, denn er hat die Räumung der israelischen Siedlungen im Gazastreifen geleitet. Wenn Premierminister Olmert mit seinen Wahlversprechungen ernst macht, wird der Oberbefehlshaber sehr viel mehr Siedlungen entfernen, und zwar dann im Westjordanland. Das alles weiß Hananel – der umgehend in eine andere Einheit versetzt wird.

Nicht unerwartet feiert die extreme Rechte Hananel, denn er habe moralischen Mut bewiesen. Überraschenderweise bekommt er auch Unterstützung von der Linken.

»Niemand kann mich zwingen, einem Mann (dem Oberbefehlshaber Dan Halutz) die Hand zu reichen, der den Befehl gab, ein Wohngebiet in Gaza zu bombardieren, wobei mehrere unschuldige Frauen und Kinder getötet wurden, was vorherzusehen war, und was in meinen Augen ein Kriegsverbrechen ist«, sagte ein überzeugter Linker.

Diese Episode wäre komisch, wäre sie nicht ein Zeichen dafür, eines von vielen, dass sich der Konflikt um die Siedlungen im Westjordanland und die andauernde Besatzung wie ein bösartiges Geschwür in die Armee eingefressen hat.

Und das kann sich Israel überhaupt nicht leisten.

Die Räumung der Siedlungen im Gazastreifen verlief nicht ganz so gewaltsam wie befürchtet. Aber als der »Außenposten« Amona im Westjordanland entfernt werden sollte, wurde der Widerstand der jungen Siedler bedeutend roher und blutiger.

Von den Schmähungen, die sich in Gaza und in Amona über das israelische Militär ergossen, gehörte »Nazi« noch zu den gemäßigteren. Man hätte zerschnittene Autoreifen, mit brennenden Reifen verbarrikadierte Straßen erwarten können, ebenso, dass mit Farbe und ätzenden Säuren nach dem »Feind« geworfen würde.

Man erntet, was man gesät hat. Die Verteidiger der Miniatursiedlungen und »Außenposten« im Westjordanland wurden ja gestern noch von der politischen Führung des Landes als opferwillige Idealisten gepriesen. Die »Jugendlichen der Hügel« wurden sie nachsichtig genannt. Premierminister Ariel Scharon persönlich forderte sie damals auf, jeden Hügel, den sie im Westjordanland erblickten, in Besitz zu nehmen. Und jetzt auf einmal, über Nacht, werden sie als Gewalttäter und Hooligans betrachtet und entsprechend behandelt.

»Die (Polizisten) scheinen zu glauben, wir seien Araber«, äußerte einer voller Wut.

Das ist natürlich eine zutiefst ungerechte Beschuldigung: Araber, die es wagten, die Methoden der »Jugendlichen der Hügel« nachzuahmen, würden halbtot im Krankenhaus aufwachen, wenn überhaupt. Doch in der israelischen Armee hat man ein Problem. Ein Teil der »Jugendlichen der Hügel« kommt aus diesen speziellen Seminaren, die oft in Eliteeinheiten abgehalten werden und in denen intensive Studien religiöser Texte mit der allgemeinen Wehrpflicht kombiniert werden.

Von den Rabbinern, die diese Seminare leiten, haben viele ihre Schüler bereits aufgefordert, den Gehorsam zu verweigern, wenn weitere Siedlungen evakuiert werden müssen. Natürlich werden diese Soldaten ihrem Rabbi gehorchen, er steht ja gewissermaßen Gott näher als der Oberbefehlshaber.

Andere, die planen, Widerstand bis zum letzten Generator zu leisten, sind erst neu »Erlöste«, sind Raufbolde, die einen guten Fight gefunden haben.

Was wird das für ein Gefühl für die Soldaten und Offiziere sein, denen es überlassen bleibt, den unangenehmen Job zu erledigen? Und wie wirkt es sich auf den Zusammenhalt aus, auf das Gefühl, sich immer und in jeder Situation aufeinander verlassen zu können?

Diese Fragen stellen sich derzeit die höheren Offiziere. Wer mit einem manchmal lästig guten Gedächtnis gesegnet ist, kommt nicht umhin, an die durchorganisierte und effektive jüdische Terrorliga zu denken, die vor fast zwanzig Jahren im allerletzten Moment vom Shin Beht, dem israelischen Nachrichtendienst gesprengt wurde.

Nachdem die Mitglieder dieser Liga viele unschuldige Palästinenser getötet und verletzt hatten, stand die Sprengung der Al-Aqsa-Moschee auf dem Tempelplatz in Jerusalem auf dem Programm der Terroristen. Wenn es ihnen gelungen wäre, und sie waren kurz davor, hätten Moslems auf der ganzen Welt blutige Rache an jedem Nicht-Moslem fordern können. Die Al-Aqsa-Moschee steht nämlich in der Rangordnung der moslemischen Heiligtümer der Welt auf Platz drei.

Der damalige Premierminister Yitzhak Shamir erklärte das Verhalten der Terroristen – fast alles dreißig bis vierzig Jahre alte Familienväter – folgendermaßen: »Manchmal kommt es vor, dass die Liebe zum Land Israel und der Wunsch nach seiner Befreiung in höchstem Maße abweichenden und übertriebenen Ausdruck findet.«

In der Armeeführung weiß man, dass es auch heute Jugendliche und erwachsene Männer gibt, die von einer »übertriebenen Liebe« (wie es Shamir damals ausdrückte) zum Land Israel beseelt sind, GANZ Israel, einschließlich des noch nicht ganz »befreiten« Westjordanlands. Aber wie viele sind es, und wie reißt man dieses »Unkraut« (wie sie auch genannt werden) aus unseren hübschen Blumenbeeten?

Für die Armee ist diese Frage wichtiger denn je. Es geht nicht nur darum zu wissen, welche Soldaten und Offiziere den Befehl verweigern werden, wenn sie Außenposten auflösen und Siedlungen evakuieren sollen sowie darauf zu achten, dass sie ihre Kameraden nicht beeinflussen. Viele beunruhigt auch der Gedanke, dass Material und Ausrüstung der Eliteeinheiten in falsche Hände geraten könnten, denn die heutige Ausrüstung ist weit moderner und fortschrittlicher als jene, zu der die damalige Terrorliga Zugang hatte.

Zum Beispiel bei israelischen Terroristen, die Palästinenser aus den Gebieten vertreiben wollen, die die Siedler sich anzueignen gedenken.

24.5.2006

Jom Kippur: Versöhnung beginnt mit Wahrheit

Für einige Stunden am Nachmittag, in der Nacht und dem folgenden Tag hält Jerusalem den Atem an. Das ist Jom Kippur – der Versöhnungstag, der ernsteste und bedeutungsvollste Feiertag des Judentums.

Wer ein grenzüberschreitendes Erlebnis sucht, sollte zu Jom Kippur nach Jerusalem reisen. Leere Straßen, keine Autos, keine Taxis. Weiß gekleidete Menschen, die sich feierlich bewegen und leise miteinander sprechen. Die stille Stadt, gehüllt in die honiggelbe Süße der Steine von Jerusalem – da kann es einem dringend erforderlich erscheinen, über Möglichkeiten der Versöhnung nachzudenken: der Versöhnung von zwei Völkern, dem jüdischen und dem palästinensischen, die sich gegenseitig in einem Würgegriff aus widersprüchlicher Geschichtsschreibung, vergossenem Blut, aus Wut und Schmerz halten.

Ob so etwas wie die südafrikanische *Truth and Reconciliation Commission* einen gangbaren Weg zu einer Lösung des israelisch-palästinensischen Konflikts böte? Ein israelischer Schriftsteller, Uzi Benziman, stellt die Frage und verweist auf Bischof Desmond Tutu. Der beteuert, das Apartheidregime hätte in einem schrecklichen Blutbad geendet, wenn die Parteien nicht die Möglichkeit gehabt hätten, zu gestehen, zu verzeihen und sich auszusöhnen. Benziman ist sich jedoch bewusst, dass die Verschiedenheiten der Konflikte verschiedene Strategien erfordern.

Ich bin wiederholt mit Palästinafreunden konfrontiert gewesen, die es zwar gut meinten, aber schlecht unterrichtet waren. Sie wollten Parallelen zwischen der israelischen Okkupation des Westjordanlands und dem Apartheidregime ziehen. Sie vergaßen dabei, dass es sich bei dem südafrikanischen Konflikt um eine kleine Minderheit Weißer handelte, die eine Mehrheit recht- und wehrloser Schwarzer beherrschte. In ein- und demselben Land.

Hier gilt es ja eher, so behutsam und mit so wenig Blutvergießen wie möglich, die siamesischen Zwillinge Israel – Palästina zu trennen. (Auch wenn eine zu vernachlässigende Gruppe weltfremder Utopisten von einer Zukunft träumt, in der Israelis und Palästinenser gemeinsam und glücklich die gesamte Gegend zwischen Jordan und Mittelmeer bewohnen.)

Alle Zeichen deuten darauf hin, dass in beiden Völkern eine Mehrheit von Menschen heranwächst, die einsieht, dass nur ein freies und selbstständiges Palästina, das gleichberechtigt Seite an Seite mit Israel besteht, ein Leben in Freiheit und Würde für ihre Kinder und Kindeskinder garantiert. Der Weg dahin ist allerdings lang, und beide Parteien geraten von einer Sackgasse in die nächste.

Dennoch gibt es brauchbare Karten, um die Fahrtrichtung zu bestimmen. Das Oslo-Abkommen wurde sabotiert und wird zusammen mit dem Genfer Abkommen und anderen berühmten Initiativen im »Gedenkhain für gute, aber unverwirklichte Ideen« beigesetzt. Da habe ich noch nicht einmal den letzten Beitrag erwähnt: den Plan, auf den Präsident Bush setzt, und dem sich die UN, Europa und Russland angeschlossen haben. Israelis und Palästinenser haben den Plan gnädigst anerkannt; jetzt bleibt nur noch, alle »aber«, »wie«, »wann« und »warum« der Parteien zu überwinden.

Vielleicht bedarf es doch einer Wahrheits- und Versöhnungskommission – wenn auch mit gewissen Modifikationen. Das Verzeihen wird man einer fernen Zukunft überlassen müssen. Außerdem gibt es Dinge, die weder verziehen werden können noch sollen. Versöhnung hingegen ist, glaube ich, notwendig und auch möglich. Mit Versöhnung meine ich das Anerkennen der vorhandenen Realität.

Der alte Mann muss sich damit abfinden, dass er nie mehr in das Haus zurückkehren wird, dessen Schlüssel er um den Hals trägt. Wo einmal sein Haus, sein ganzes Dorf stand, verläuft heute eine Landstraße, die zu Ikea führt. Die Israelis, die jetzt in idyllischen kleinen Siedlungen im besetzten Westjordanland leben, müssen sich damit abfinden, dass sie sich nie mehr über die gleiche Lebensqualität, den hohen Wohnstandard, die saubere Luft sowie die staatliche Unterstützung freuen können, wenn sie nach Hause nach Israel zurückkehren. Niemand muss die vorhandene Wirklichkeit mögen, aber man muss ihre Existenz anerkennen. So ist es!

Immer mehr junge Palästinenser und Israelis sind dazu bereit …

Und die Wahrheit? Meiner Ansicht nach ist die Wahrheit der Grundstein des Friedensgebäudes. Aber sie kann auch zum Stein des Anstoßes werden. Dass sich die Bilder der Wahrheit bei den beiden Partnern nicht decken, ist nur natürlich. In den meisten Fällen wird man sich damit begnügen können, zu konstatieren: Du hast dein Bild und ich habe meins, damit können wir leben. Jetzt gehen wir zum nächsten Tagesordnungspunkt über.

Aber dann kommen wir an den Punkt, den ich gerne *the original sin* nennen möchte (im vorliegenden Zusammenhang klingt das so viel besser als Erbsünde).

Ich erinnere mich an eines dieser Treffen zwischen progressiven Israelis, israelischen Friedensfreunden – wie das hieß – und Palästinensern, die stets im Ausland stattfanden und zu denen manchmal Journalisten eingeladen wurden, die sich mit diesen Fragen beschäftigten. Zu Anfang lief alles gut: Die Israelis geißelten das Übel der Okkupation, und die Palästinenser verurteilten jede Gewalt gegen Zivilisten. Schon da waren sich die Parteien rührend einig darin, dass die einzig denkbare Lösung des Konflikts in zwei Staaten bestünde, die friedlich nebeneinander existieren.

Dann gingen die Wogen hoch: Die Israelis räumten ein, dass der alte zionistische Slogan »Ein Land ohne Volk für ein Volk ohne Land« eine Verfälschung der historischen Wahrheit war, wenn auch in gutem Glauben. Aber nun verlangten sie, sozusagen im Tausch, dass die Palästinenser nicht nur Israels Existenz als unausweichliche Tatsache anerkennen sollten, sie sollten zudem auch Israels Existenzrecht als Staat der Juden »in sicheren und anerkannten Grenzen« als rechtmäßig akzeptieren, so wie es in der UN-Resolution steht.

An dem Punkt steckte das Gespräch fest.

Obwohl man von mir als Journalistin nicht erwartete, dass ich an der Diskussion teilnahm, bat ich darum, einige Worte zu den Israelis sagen zu dürfen. »Begreift ihr denn nicht«, appellierte ich an die Runde, »dass die Worte, die die Palästinenser von euch hören wollen, damit sie den nächsten Schritt tun können, ein schlichtes Bekenntnis sind: Ja, wir Israelis wissen, dass euch Palästinensern Unrecht geschehen ist. Ein Unrecht, das nicht nur von uns begangen wurde, sondern von allen Staaten, die in den Jahren des großen Schlachtens mit den Nazis zusammenarbeiteten und/oder ihre Tore vor den Juden verschlossen, die aus den Klauen des Todes zu fliehen versuchten. Mit einer letzten kolonialen Geste sühnten sie auf eure Kosten ihre Schuld an uns Juden.« Ungefähr das sagte ich.

Die Israelis schnaubten, und ich verstehe sie. Es waren mutige und rechtschaffene Menschen, sonst wären sie nicht zu dieser Konferenz gekommen. Sie kämpften aktiv gegen die Besatzung, aber sie wollten bestimmt nicht einlösen, was sie als die Schuldscheine der Vergangenheit ansahen. Das war, wie gesagt, vor vielen Jahren.

Heute, glaube ich, könnten recht viele eine »Wahrheit« aus dem zusammenschreiben, was – wie ich es sehe –, der Herz- und Schmerzpunkt des Konfliktes ist. Viele. Aber nicht ausreichend viele. Deshalb glaube ich, dass die Zeit für eine Wahrheits- und Versöhnungskommission noch nicht reif ist, noch nicht, auch nicht in der Generation meiner Kinder, aber vielleicht in der

Zeit der Enkel? Sicher, eine aufgezwungene Lösung des Konflikts könnte schneller zustande kommen. Aber wer will sie haben und wie dauerhaft würde die sein?

24.10.2005

X

Die Kinder und die Dörfer

Qibiya

Es war eines dieser Dörfer im Westjordanland, die zu gleichen Teilen trostlos und voller Charme sind. Ich meine mich zu erinnern, dass ich fror, als wir in dem vermutlich einzigen großen Raum des Häuschens saßen, wo man uns unablässig Tee und Kaffee in winzigen Tassen servierte.

Viel zu reden gab es nicht. Die Intifada, diese palästinensische Revolte gegen die israelische Besatzung, ging in ihr zweites oder drittes Jahr und in diesem Dorf, genau wie in anderen, zählte man seine »Märtyrer«.

Diesen Ehrentitel erhielten nicht nur junge Männer (und ein paar Frauen), die sich selbst und so viele andere Menschen wie nur möglich in einem vollbesetzten Bus, in einer Pizzeria oder an einem anderen Ort, wo weniger begüterte Israelis zusammenkommen, in die Luft sprengten. Die Märtyrer werden auf großen bunten Plakaten an den Hauswänden verewigt. Nein, man muss keine Autobombe gezündet haben, um als Märtyrer geehrt zu werden. Dabei sind es im Grunde ziemlich wenige, die sich im Gedränge des Gemüsemarkts oder in einem geparkten Auto vor einem Falafelkiosk in die Luft sprengen. Mit dem Koran in der einen Hand und einem Maschinengewehr in der anderen werden sie abgebildet. Aber man bringt auch Porträts von unfreiwilligen Märtyrern an.

Zum Beispiel die ältere Frau, die auf dem Balkon saß und stickte, als eine verirrte israelische Kugel sie tötete. Oder das kleine Mädchen in blau gestreifter Schuluniform, das weit von dem israelischen Überwachungsturm entfernt war, aber dennoch als »Sicherheitsrisiko« betrachtet und deshalb entfernt werden musste – für immer.

Wir Besucher konnten nichts weiter tun, als warten. Eine der Frauen aus der Großfamilie musste zur lebenswichtigen Dialyse ins Krankenhaus. Aber alle Straßen zum und vom Dorf waren für jeglichen Autoverkehr gesperrt, entweder durch Straßensperren mit Soldaten oder durch Steinblöcke oder Erdbarrieren, die kein Auto überwinden kann.

Jetzt warteten wir auf die Rückkehr eines der Männer aus der Familie und auf seine Nachricht, ob es durch einen weiteren Schleichweg ein Durchkommen gäbe. Als die Spannung und die Stille unerträglich wurden, warf ich den Namen des Dorfs ein – eigentlich nur, um überhaupt etwas zu sagen. Qibiya. Ich meinte mich zu erinnern, von eben diesem Dorf gelesen zu haben. War es nicht hier in Qibiya gewesen, Anfang der fünfziger Jahre, wo Ariel Scharons berüchtigte »Einheit 101« ein entsetzliches Massaker verübte? Durch Scharons schonungslose Überfälle sollten die Angriffe der Palästinenser über die Grenze hinweg ein Ende finden.

Qibiya lag damals, nach dem Krieg 1948, auf dem jordanischen Teil der Waffenstillstandslinie. Möglich, dass irgendein palästinensischer Guerilla aus Qibiya in Israel eingedrungen war. Sicher bezeugt ist das Ergebnis der von Scharon angeführten Racheaktion: Gut sechzig Dorfbewohner wurden getötet, die Mehrzahl Alte, Frauen und Kinder. Die politische Führung Israels war entsetzt und weigerte sich, Scharons Ausreden anzuerkennen.

»Ja, natürlich ist das hier Qibiya! Wir werden sofort jemand holen, der dabei war und überlebt hat«, sagt jemand bestätigend. Er strahlt, wenn er daran denkt, dass ein Mensch von der anderen Seite der Erde kommt und von seinem kleinen Qibiya gehört hat!

19.1.2006

Bäume

Heute ist Tu Bishvat, nach dem jüdischen Kalender der fünfzehnte Tag des Monats Shvat, und die Lehrerin wird mit ihrer Schulklasse hinausgehen und Bäume pflanzen.

»Das ist das Geburtstagsfest der Bäume«, erklärt mir eines der Kinder feierlich.

Mit Tu Bishvat hat eine uralte Tradition überlebt, deren Wurzeln bis in biblische Zeiten zurückreichen. Da es nicht ganz leicht ist, in der Östermalmsgata in Stockholm einen Baum zu pflanzen, pflegten einige traditionelle jüdische Familien den Tag zu begehen, indem sie ein Festessen mit frischem Gemüse und viel Obst servierten. Der Hausherr achtete darauf, dass jedes Jahr eine neue Obstsorte auf den Tisch kam.

Heute ist es sein Enkelsohn, wir können ihn Joav nennen, der nun in Israel Tu Bishvat »richtig« feiert. Nein, falsch. Joav pflanzt seinen Olivenbaum nicht in Israel, sondern in dem von Israel besetzten Westjordanland. Als ein Versöhnungsopfer für Gott und die Menschen. Vielleicht ist es ihm vergönnt, den Tag zu erleben, an dem diese zarte Pflanze ein kräftiger Baum geworden ist, dessen Früchte Joav und der Besitzer des Olivenhains ernten, und in dessen Schatten sie ausruhen können. Ein Israeli und ein Palästinenser.

Von allen Schändlichkeiten, die im Namen des israelischen Volks und dessen Sicherheit begangen werden, gehört die Verwüstung der Olivenhaine der Bauern zu den schlimmsten. Die Israelis wissen ganz genau, dass die Olivenernte oftmals die hauptsächliche, und manchmal die einzige Einnahmequelle der Bauern ist. Sie wissen auch, dass dieser Olivenbaum, der mehrere hundert Jahre alt werden kann, für das Volk und das Land ein heiliges Symbol ist.

»Diese Bäume hier, die hat mein Urgroßvater gepflanzt«, sagt ein alter Mann und streicht mit dem Stock, auf den er sich sonst stützt, über die schwarzen verkohlten Stubben, die nach dem Pogrom, das hier stattgefunden hat, übrig geblieben sind.

Das wurde jedoch mit Sicherheit nicht von israelischen Soldaten verübt. Aber diese wurden zu Mitschuldigen, weil sie nicht, wie sie es nach internationalem Recht hätten tun müssen, die Bevölkerung des besetzten Gebiets und ihr Eigentum geschützt haben.

Immer wieder kommt es vor, dass die israelischen Siedler im Westjordanland die Palästinenser schikanieren und misshandeln. Sie brennen ihre Olivenbäume ab oder stehlen die Ernte, alles unter den Augen der Soldaten. Denen gefällt zwar oft nicht, was sie sehen, aber sie haben Angst und wollen ihre eigene Haut retten. Die jungen Gewalttäter stammen aus kleinen Siedlungen und von den »Außenposten«. Früher hat man sie romantisierend als »hilltop-youth« bezeichnet. Heute fürchten sich nicht nur die Palästinenser, sondern auch die gestandenen israelischen Wehrdienstleistenden vor ihnen.

Die Mitglieder der Organisation »Rabbiner für die Menschenrechte«, der Joav angehört, fürchten sich nicht. Sie haben Olivenpflanzen mitgebracht, die im Laufe der Zeit zu starken Olivenbäumen heranwachsen, Schatten spenden und reiche Ernte geben werden.

Vergleichbare Aktionen veranstalten verschiedene israelische Friedensgruppen überall im Westjordanland. Besonders in der Zeit der Ernte, wenn die Bauern vor den Hooligans unter den Siedlern und ihrer sinnlosen Gewalt geschützt werden müssen.

Tausende Olivenbäume wurden auch mit der Bandsäge gefällt, wenn Straßen zu den »Außenposten«, die von der Regierung selbst als ungesetzlich erklärt wurden, gebaut werden mussten. Andere störten die Sicht der Scharfschützen auf die Dörfer oder könnten Steine werfenden Kindern als Versteck dienen. Trotz allem will ich glauben, dass der Tag kommen wird, an dem auch die palästinensischen Bäume ihr Geburtstagsfest feiern können. In Sicherheit und mit Freude.

2.3.2006

Pessach

Pessach wird manchmal das »Osterfest der Juden« genannt, und ganz falsch ist das wohl nicht. Wie so viele andere christliche Feiertage hat auch Ostern seine Wurzeln im Judentum. Oder wie es der frühere Papst ausdrückte: Das Judentum ist der ältere Bruder des Christentums. (Auch wenn der jüngere Bruder die Angewohnheit hatte, sich gegenüber dem zwar älteren, aber wehrlosen Bruder ziemlich roh zu betragen).

Pessach kann natürlich, genau wie Ostern, auch als heidnisch interpretiert werden. Beide fallen in etwa die gleiche Zeit, ob man nun nach dem westlichen oder nach dem jüdischen Kalender geht. Es ist die Zeit, in der alles neu wird, die Erde reibt sich den Schlaf aus den Augen, streut weiße Buschwindröschen aus und beginnt das große Fruchtbarkeitsfest zu planen.

Selbst in »kleinen« jüdischen Familien versammeln sich mindestens 25 Personen, um gemeinsam das rituelle Festmahl einzunehmen, das Seder (Ordnung) genannt wird, da alles, die Speisen, die Gebete, die Lieder und Geschichten einer vorgegebenen Ordnung folgen. Der eine oder andere mag noch eine vage Ahnung vom christlichen Inhalt des Osterfestes haben. Aber warum wird Pessach mit so tiefer geistiger und körperlicher Intensität begangen? Nun, Pessach ist das Freiheitsfest des jüdischen Volks.

Hier preist man Gott und dankt ihm, dass er sein Volk »mit starker Hand« aus der ägyptischen Gefangenschaft geführt hat. (Der Weg zum Gelobten Land wurde allerdings lang. Durch das ausgetrocknete Rote Meer zu ziehen, war das eine, aber etwas ganz anderes war es, vierzig Jahre lang durch die Wüste zu stapfen, bis die unbarmherzige Sonne auch noch das letzte Fitzelchen an Sklavenmentalität weggebrannt hatte.) Während des Festmahls sprechen die Kinder eine Hauptrolle der Liturgie, indem sie – nach dem ihnen zugeteilten Manuskript – Fragen zur Bedeutung des Festes stellen.

Das Kind, dem die Rolle des »bösen« Kindes zugeteilt wurde – ja, so eines gibt es –, zeigt seine Unartigkeit, indem es die Frage stellt: Was bedeutet dieser Dienst (dieser Feiertag) für euch? Indem es »für euch« sagt und nicht »für uns«, hat sich das böse Kind selbst aus der Gemeinschaft ausgeschlossen.

Die Pessach-Erzählung weist immer wieder darauf hin, dass dies die Geschichte des Volkes ist, nicht die des Einzelnen. Genauso, wie man im Judentum die Verantwortung aller Juden füreinander hervorhebt. Es gab eine Zeit, da freute ich mich darüber, zu einem Sederabend eingeladen zu werden. (Ich selbst beherrsche weder das Ritual noch die Essenszubereitung.) Aber ich musste gar nicht viele Jahre in Israel leben, um zu verstehen: Es macht kein gutes Gefühl, die Freiheit des eigenen Volks zu feiern, während man ein anderes Volk unterdrückt.

Nein, ich bin kein Israeli, und das Judentum als Religion ist mir fremd. Aber meine Zugehörigkeit zum jüdischen Volk ist selbst gewählt, und mit dieser Entscheidung geht auch die Verantwortung einher für das, was im Namen des Volkes – nicht nur im Namen der Israelis oder der gewählten Regierung – geschieht. Jedoch gibt es der Okkupation und all den vielen Schändlichkeiten zum Trotz keinen Grund, die Freiheit des jüdischen Volks nicht zu feiern – solange man nicht verneint, dass man ein anderes Volk seiner Freiheit beraubt.

Schon vor vielen Jahren gab es Israelis, die eine eigene Version des Sederabends gestalteten. Seine Liturgie hat Raum für beides, für das Recht des Volks auf Freiheit und für das Recht des jüdischen und des palästinensischen Volks, frei und ebenbürtig Seite an Seite zu leben. Dann und erst dann, hat das jüdische Volk seine Freiheit ganz gefunden. Denn, wie jemand es so klar ausdrückte: So lange der Gefangene nicht frei ist, ist es auch der Gefangenenwärter nicht.

13.4.2006

Dahab

Jetzt weiß ich, dass man nicht nur Menschen umbringen kann, sondern auch einen Ort und den Geist dieses Ortes. Dieser Ort heißt für mich: Dahab. Das ist ein kleines ägyptisches Beduinendorf, am Ufer des Roten Meers gelegen, etwa zwei Kilometer von Eilat und dem Grenzübergang nach Israel entfernt. Gefunden habe ich Dahab durch einen Zufall.

Ein israelischer Fotograf gab mir den Tipp. In Dahab zwischen den Beduinen gäbe es einen Schweden, einen Mann um die dreißig, der dort zusammen mit seiner französischen Frau und zwei kleinen Kindern wohnte. Nein, sie waren keine Touristen, sondern sie hatten sich dort zwischen den etwa vierzig Beduinenfamilien niedergelassen. Wie jene wohnten Björn und Annette in einer Hütte aus Palmenblättern, mit alten Teppichen als Fußboden. Der Unterschied bestand lediglich darin, dass ihre Hütte etwas abseits lag, direkt am Ufer, und dass sie über eine Art Küchenecke mit einem Gaskocher verfügte.

Björn träumte davon, einige wenige »Gästehütten« zu bauen, wo Taucher übernachten könnten, um mit ihm auf »Tauchsafari« zu gehen. Sie sollten zwischen Dahabs märchenhaften Korallenriffen und diesen Fischen tauchen, die ein besonders vorwitziger Engel gestaltet und gemalt haben musste, denn solche Fische kann es eigentlich gar nicht geben.

In der Zwischenzeit half Björn den Beduinen beim Fischen und fuhr den Fang mit seinem Lieferwagen zu den Hotels und Restaurants von Eilat.

Dahab hatte nie so ein Ort werden sollen, wo immer was los ist, mit lauter Musik und Schnapsleichen am Strand. Die Menschen, die hierher kamen, suchten die Stille, die Genügsamkeit und – ja, die Andacht angesichts eines Meers, das tagsüber im Sonnenschein funkelte und in dem sich nachts die glitzernden Sterne und das Mondlicht spiegelten.

Wem es vergönnt war, dieses Dahab zu besuchen und von ihm empfangen zu werden, der wusste, dass er oder sie ans Ende der Welt gekommen war – oder, wenn man so will, an ihren Anfang. Als der Ort noch auf besetztem Gebiet (nach dem Krieg von 1967) lag, wallfahrten Eingeweihte für ein langes Wochenende oder für kurze Ferien nach Dahab. Das ging auch noch ein paar Jahre nach Abschluss des Friedensvertrags mit Ägypten so, als sich die Parteien noch um ein Stückchen Land direkt an der Grenze stritten, wo die Israelis ein Luxushotel hingesetzt hatten.

Als der Konflikt schließlich gelöst war, setzte die ökonomische Ausbeutung von Dahab ein. Der Ort verlor ein Wunder nach dem anderen, er verlor seinen Geist. Das schläfrige Glucksen der Wellen ertrank im Lärm der neu gebauten Hotels und Diskotheken, und die doch oft recht einfach gearbeiteten Souvenirs der Beduinen mussten in den Boutiquen kopierten Waren Platz machen.

Aber vor allem mussten die Beduinen selbst Platz machen.

Die Israelis, vor allem junge Menschen, empfanden eine Art Ehrfurcht vor den »Kindern der Wüste« und ihrer Weisheit. Die Ägypter hatten die »Primitiven« schon immer von oben herab behandelt, und nachdem die Israelis abgezogen waren, taten sie das auch wieder. Jetzt ist definitiv Schluss mit dem Dahab, das ich und viele andere kannten, und das ich – ja, verehrte.

In dieser Woche nun wurde aus Dahab der Ort, in dem Dutzende Menschen, Männer, Frauen und Kinder, fast alles Ägypter, bei einem wahnsinnigen Terrorangriff blindlings abgeschlachtet wurden.

Einige Tage zuvor hatte Osama bin Laden, der Anführer von Al-Qaida, verkündet, alle Westler, egal welchen Alters und welchen Geschlechts, seien legitime Ziele für seine Angriffe, weil deren Regierungen an einem »Kreuzzug« gegen den Islam beteiligt seien. Sollen also gewöhnliche halbwegs fromme Ägypter, Frauen und kleine Kinder ermordet werden, nur weil Präsident Mubarak an guten Verbindungen zu den USA gelegen ist und er den Friedensvertrag mit Israel respektiert? Selbst wenn die Opfer von Dahab Ferienreisende aus Israel gewesen wären, solche Angriffe gegen Zivilisten sind Terror und nichts als Terror.

27.4.2006

Neophyten

Die Konvertiten sind doch immer die Schlimmsten! hieß es im Deutschland meiner Kindheit von den Protestanten, die zum Katholizismus übergetreten waren. Es herrschte so etwas wie eine freundlich-nachsichtige Herablassung diesen gerade neu erlösten Eiferern gegenüber, die unaufhörlich zur Beichte gingen, und bestimmt vier »Ave Maria« beteten, statt der zwei, die ihnen der Priester aufgetragen hatte. Und die natürlich niemals an einem Freitag Fleisch aßen, dem Tag der Kreuzigung Christi.

Die sozusagen »geborenen« Katholiken waren geneigt, den Rahmen bei der Ausübung ihres Glaubens etwas weiter zu stecken. Sie hörten lieber auf ihr Gewissen als auf irgendeinen beschränkten jungen Priester mit offensichtlichem Mangel an Lebenserfahrung.

Dieses Verhaltensmuster kann ich bei den neu bekehrten Juden und ihren Angehörigen wiedererkennen.

Jerusalem ist ein Magnet für junge Suchende, insbesondere aus den USA, die zwar als Juden geboren wurden, aber in einem nicht-orthodoxen, nicht-traditionellen oder säkularen jüdischen Elternhaus aufgewachsen sind. Ihre Zugehörigkeit zum Judentum war eine Selbstverständlichkeit, konnte aber nicht die Teilnahme an einem normalen gesellschaftlichen Leben beeinträchtigen.

Die jungen Suchenden – einige sind Männer, einige wenige Frauen – werden leicht Opfer von ultraorthodoxen Rabbinern. Diese locken die jungen Menschen in ihre religiösen Seminare, wo ihnen eine Art frommes jüdisches Leben indoktriniert wird, dem die Mehrheit der Juden fremd gegenübersteht. Nicht selten führt das zu familiären Tragödien.

Die Jugendlichen weigern sich von nun an, am Tisch der Eltern zu essen, es sei denn, die gesamte Küchenausstattung wird nach den rituellen Vorschriften »gereinigt« und alle Essenszubereitung geschieht nach strengsten Kaschrut-Vorschriften – kein Mischen von Fleisch und Milch.

Aber damit nicht genug. Die Jugendlichen verlangen auch, dass sich ihre Mütter und Schwestern »anständig« kleiden. Damit gemeint sind langärmelige Blusen und lange Röcke, selbst in der schlimmsten Sommerhitze. Ich kenne eine Familie, deren Tochter einen »Choser beTshuva« heiratete – das ist jemand, der sich wieder unter die Fittiche des streng-orthodoxen Judentums begibt und die Gebote oft eifriger befolgt als die, die schon immer dabei waren. Das früher recht freizügige Mädchen verwandelte sich über Nacht in eine Matrone, die ein Kind nach dem anderen gebar – Kinderreichtum gehört nämlich auch zum Konzept.

Das Geld war knapp. Sie durfte ihren Beruf nicht mehr ausüben – in der gefährlichen Welt dort draußen könnte sie ja Versuchungen ausgesetzt sein. Da übernahm der Mann als zweite Beschäftigung Buchbinde-Arbeiten. Über seine Schwiegereltern beauftragte ich ihn, einen alten Gedichtband, gebunden in rotes Leder und mit Illustrationen im Jugendstil, für mich neu zu binden.

Der Mutter des Mädchens war es peinlich, aber sie musste mir das Buch zurückgeben. Auf einer der Illustrationen war ein Kreuz zu erkennen. Nachdem er sich mit seinem Rabbi beraten hatte, beschloss der junge Mann, dass er sich mit einem Buch, das dieses verhasste Symbol enthielt, nicht befassen, geschweige denn sich und sein Heim damit beschmutzen könne.

Allerdings kenne ich auch einen inzwischen sehr alten Mann, der immer als orthodoxer Jude gelebt hat und nie versäumte, den Geboten Folge zu leisten. Aber er war auch ein begeisterter Liebhaber klassischer Musik, insbesondere der von Bach. Als gebildeter Mann wusste er natürlich, dass Bachs Musik beseelt ist vom starken christlichen Glauben des Komponisten. Wenn mein alter Freund, dieser fromme Jude andächtig Bachs Musik lauscht, kann es vorkommen, dass er ehrfürchtig seufzt: Der Mann hat Gott geschaut.

20.7.2006

Kinder

Es traf mich hart. Dabei müsste ich doch abgehärtet sein, so viel wie ich vom schonungslosen Gesicht des Krieges gesehen habe, sowohl in der Wirklichkeit wie in den Medien. Am unerträglichsten ist der Anblick vom Leiden eines Kindes.

Ich erinnere mich an den kleinen Jungen in einem Krankenhausbett in Nablus, im besetzten Westjordanland. Er weinte über den Verlust seines neu gekauften roten Fahrrads, das ein israelischer Panzer überrollt hatte. Damals wusste der Junge noch nicht, dass die Ärzte gezwungen gewesen waren, ihm ein Bein zu amputieren und dass es vieler komplizierter Operationen bedurft hatte, um sein anderes Bein zu retten.

Natürlich hatten ein paar Kinder Steine auf die Soldaten geworfen, und die hatten mit Schüssen reagiert. Natürlich ist das gegen die Vorschriften, denn auf Zivilisten darf nur dann scharf geschossen werden, wenn der Soldat sich in Lebensgefahr befindet. Es gibt so vieles, das gegen die Vorschriften verstößt und das trotzdem getan wird, insbesondere, weil die vorgesetzten Offiziere so gut wie nie dagegen einschreiten.

Ich erinnere mich auch an ein kleines Mädchen in einem Krankenhausbett in Beerscheba im südlichen Israel. Es hatte Glück gehabt und war mit leichteren Verletzungen davongekommen, als sein Schulbus in dem damals noch besetzten Gazastreifen unter Raketenbeschuss geriet. Die beste Freundin des Mädchens hatte früher bei einem ähnlichen Vorfall beide Beine verloren.

Die Familien der Mädchen gehörten zu den israelischen Siedlern. Einer der Soldaten, die den Bus begleiteten, ein Wehrdienstleistender mit Frau und Kindern, kam dabei ums Leben. Auch das war früher schon passiert, wenn zum Beispiel ein Konvoi aus Militärfahrzeugen Kinder von Siedlern zu ihren Klavierstunden und Ähnlichem nach Israel begleiten mussten.

»Aber weißt du«, erklärt mir der Vater des Mädchens, »meine Frau ist schwanger, und wir werden das Kind nach dem getöteten Soldaten benennen.« Vor so viel Edelmut verstummte ich. Denn dafür, dass dieser Mann und seinesgleichen im besetzten Gazastreifen, der zu den am dichtesten bevölkerten Gebieten der Welt zählt, ein Häuschen am Meer und eine Lebensqualität genießen kann, von der sie in Israel selbst nicht einmal träumen können, dafür müssen andere Israelis, Wehrdienstleistende und junge Wehrpflichtige, ihr Leben riskieren, und es manchmal auch verlieren, während sie über die Sicherheit der Siedler wachen.

Eines der Opfer des derzeitigen Kriegs kommt aus dem drusischen Dorf Yanuh in Nordisrael. Die Drusen gehören einer arabischen moslemischen Sekte an, die früher mit den Juden gemeinsame Sache gegen die britischen »Besatzer« machte und deren Mitglieder nach Gründung des Staates Israel gleichwertige Bewohner mit gleichen Rechten und Pflichten wurden. Die Mehrheit der jungen Männer erfüllt die Wehrpflicht und entrichtet Steuern, und viele bezahlen mit ihrem Leben für die Sicherheit des israelischen Staates.

Das tat auch Wazim Salah Nazal, 25 Jahre alt und Vater von zwei kleinen Kindern, der eines Freitagmorgens vermisst gemeldet wurde. Angstvolle Stille senkte sich über das ganze Dorf, und es dauerte nicht lange, bis sich die schlimmsten Befürchtungen bestätigten. Repräsentanten der Armee kamen ins Dorf, um der Familie mitzuteilen, dass DNA-Tests nun mit Sicherheit bestätigten: Wazim kann nicht länger zu den Vermissten gerechnet werden, sondern gehört zu denen, die in diesem Krieg fielen.

Ich weiß nicht, warum ausgerechnet diese Nachricht so schmerzlich war. Vielleicht, weil ich die DNA und alles, was damit zusammenhängt, bisher immer wie eine dieser Errungenschaften der Wissenschaft betrachtet hatte, die ich zwar nicht verstand, aber als ein Hilfsmittel im Dienst der leidenden Menschheit verehrte. Wenn ich jetzt das Wort DNA höre, denke ich an Wazim, seine junge Frau und ihre beiden Kinder.

10.8.2006

XI

Okkupation, Krieg, Intifada

Die Okkupation in neuer Gestalt

Habe ich das nicht schon einmal gesehen? Diese lange staubige Straße voller Schlaglöcher und die Frauen und Kinder, die unter der unbarmherzig glühenden Sonne die Straße entlang ziehen. Manche balancieren gewaltige Töpfe auf dem Kopf, andere haben unter einen Arm einen aufgerollten bunten Teppich geklemmt, der nachts auch als Bett dienen muss.

Kleinere Kinder tragen sie vor der Brust oder halten sie an der Hand, die größeren müssen allein zurechtkommen. Es gibt in der Flüchtlingskolonne wohl auch einige meist ältere Männer und wenige Haustiere. Aber die verschwinden in der Frauenwelt.

Ich habe das schon einmal gesehen. Déjà-vu.

Das Stück ist das Gleiche: Flucht im Krieg. Die Akteure sind die Gleichen: die Palästinenser. Sie können ihre Rollen und ihre Antworten auswendig. Selbst wenn die meisten zu jung sind, um selbst dabei gewesen zu sein, so haben ihnen doch die Großeltern unzählige Male von Flucht und Vertreibung aus den Dörfern und Gemeinden, die in der Nähe des Gazastreifens lagen, nach Gaza erzählt.

Es waren viele. Aber welcher Israeli erinnert sich heute daran, dass die Stadt Ashkelon vor 1948 Majdal hieß und eine palästinensische Ortschaft war? Die Flucht damals und die heute unterscheiden sich allein dadurch, dass wir den Abzug heute in Farbe sehen. Von den Geschehnissen 1948 gibt es fast nur Schwarz-Weiß-Aufnahmen. Wer außer den Betroffenen erinnert sich daran? Bald sechzig Jahre, das ist eine lange Zeit.

Natürlich gibt es auch neue Aspekte. Als der alte Mann sein Haus verließ, trug er den Schlüssel an einer Schnur um den Hals, weil er trotz allem auf eine Rückkehr hoffte. In der Zwischenzeit arbeitete er für die Israelis und mit ihnen. Die Generation seiner Enkel weiß, dass sich sein Traum niemals erfüllen wird.

Majdal wird für immer Ashkelon bleiben. Kein junger Palästinenser glaubt ernstlich, dass die »Feuerwerkereien«, wie sie ein militärisch bewanderter Kollege nennt, Palästina befreien können. Aber sie bekräftigen ihre Identität, sind eine Art zu sagen: Wir sind hier, und wir haben nicht die Absicht, uns noch einmal auf den Weg zu machen – nicht freiwillig und nicht, ohne Euch, den Israelis, größtmöglichen Schaden zuzufügen.

Seit einigen Wochen hat es Dutzende von Quassam-Raketen über Sderot und Umgebung geregnet. Keine Mutter fühlt sich wirklich ruhig, wenn sie ihre Kinder nicht in Sichtnähe hat. Der massive palästinensische Beschuss ist eine Vergeltungsaktion für das, was die Palästinenser das »Strandmassaker« nennen, während israelische Quellen glauben, es habe sich dabei um einen Blindgänger gehandelt, der explodierte und eine ganze Familie in Stücke riss, gerade als sie ihre Decken am Strand ausbreitete, um zu picknicken. Nur ein kleines Mädchen überlebte.

Nicht weit entfernt griff ein von der Hamas geführter Trupp einen israelischen Panzer an. Zwei Soldaten kamen um, ein junger israelischer Gefreiter wurde gefangengenommen und irgendwo im Gazastreifen versteckt.

Dennoch ist die Gruppe, die dem »bewaffneten Kampf« huldigt, nicht sonderlich groß. Immer wieder beweisen Meinungsumfragen, dass die Mehrheit der Palästinenser, besonders unter den Gebildeten, eine Zweistaatenlösung will, ein freies und selbstständiges Palästina, das friedlich Seite an Seite mit Israel, dem Staat der Juden, existiert. Haben Sie das nicht schon einmal gehört?

Mein Déjà-vu-Erlebnis wird besonders intensiv, wenn ich dieses unermüdliche israelische Moralisieren höre, dass nämlich die Palästinenser »ihre Kinder im Hass auf Israel schulen«. In der israelischen Presse ärgert man sich über eine Sequenz im palästinensischen Fernsehen, die den kleinen Mohammed-a-Dura zeigt. Zu Anfang der Intifada vor fast sechs Jahren geriet er in ein palästinensisch-israelisches Kreuzfeuer und starb in den Armen seines Vaters.

Die Sequenz zeigt den Jungen, wie er auf den Wiesen des Paradieses spielt und seine kleinen Kameraden auf der Erde ermahnt, ihm Gesellschaft zu leisten. Die PA (die palästinensische Führung) ermuntert die Kinder, »Märtyrer« zu werden! – so der indignierte Ausruf der israelischen Propaganda.

Nonsens, denke ich. In einer Welt, in der die Kinder ständig an Leib und Leben bedroht sind – neulich starb ein Mädchen auf der Schulbank durch eine verirrte israelische Kugel, ein anderes Mädchen wurde auf dem Weg zur Schule erschossen –, in einer solchen Welt kann das Fernseh-Bild des »Märtyrers« Mohammed als Trost dienen.

Okay, sagt der Clip, du hattest in dieser Welt Pech, aber ich verspreche dir, dass du in der nächsten reichlich entschädigt wirst. Dort entkommt ihr, du und deine Freunde, auch dem »Geräuschterror« der Israelis, der entsteht, wenn ein Kampfflugzeug die Schallmauer durchbricht, und das tun sie oft.

Den israelischen »Hasspredigern« scheint es an »Beweismaterial« zu fehlen. Drei Jahre lang war Mohammed nicht im Fernsehen zu sehen. Das gilt auch für einen anderen Clip, der ein Mädchen zeigt, dessen Mutter von israelischen Soldaten getötet wurde und das jetzt von seiner Sehnsucht nach der Mutter singt. »Wenn du nicht zu mir kommen kannst, kann ich zu dir kommen«, heißt es im Text.

Es muss betont werden, dass allen, die in der Intifada sterben, der Ehrentitel Schahid (Märtyrer) verliehen wird. Auch die alte Frau, die erschossen wurde, als sie auf ihrem Balkon saß und stickte, wird als Märtyrerin verehrt.

Die Grenzübergänge zwischen Gaza und Israel sind für das Überleben der Palästinenser lebenswichtig, den Schlüssel zu ihnen hat allerdings Israel. Dieses Mal wurde er als Strafe für den oben genannten Angriff auf den israelischen Panzer geschlossen. Gleichzeitig nutzt man die Gelegenheit und sucht nach den Abschussrampen für die Qassamraketen und drängt die Zivilbevölkerung weiter von der Grenze zurück.

Aber wenn die für den Export bestimmten Tomaten verfaulen und die Blumen verwelken, kann bei den palästinensischen Großfamilien im Gazastreifen kein Essen auf den Tisch kommen. Schwerkranke können keine Behandlung erhalten. Israelische und internationale Organisationen schlagen Alarm in Anbetracht der Krebs- und Dialysepatienten, die am Übergang Eretz nicht durchgelassen werden, um zum Krankenhaus zu gelangen.

Wenn der Druck spürbar wird, nicht zuletzt vonseiten der humanitären Organisationen Israels, aber auch aus den USA, werden die Übergänge in beide Richtungen geöffnet und ein Teil der Hilfsgüter und der Menschen wird durchgelassen. Die Verteidigungstruppen geben dann Pressemitteilungen heraus, die ihre eigene Vortrefflichkeit loben, während Diplomaten und Freiwilligenorganisationen vor Ort sehen, dass die Erleichterungen in vielen Fällen zu spät kommen und die Mengen zu gering sind.

Manchmal nimmt das Vortrefflichkeitsspiel fast komische Züge an.

Während der Operation »Rote Morgendämmerung« wurde

das Kraftwerk bombardiert, das fast 80 Prozent der Bevölkerung in Gaza versorgt. Aufgrund der heftigen internationalen Reaktionen sah sich Israel gezwungen, Öl für die Generatoren in Gaza durchzulassen. Aber die Menge ist völlig unzureichend, klagt ein UN-Beamter. Außerdem ist die Wasserversorgung in Gefahr, denn die Pumpen werden mit Öl betrieben.

Die Okkupation hat ihre Gestalt verändert. Die Siedler gibt es nicht mehr, aber der eiserne Griff Israels um den Gazastreifen besteht in ökonomischer und militärischer Hinsicht weiter. Wir haben noch viele Déjà-vu-Erlebnisse zu erwarten. Bis die Partner eines Tages in weiter Ferne einsehen, dass der Konflikt nur durch Verhandlungen zu lösen ist, bei denen beide Seiten zu geben und zu nehmen bereit sind. Dieses Gespräch müsste in größter Diskretion vonstatten gehen, und das Ergebnis einer Volksabstimmung vorgelegt werden.

Eine Mehrheit der israelischen Bevölkerung ist nämlich, genau wie eine Mehrheit der Palästinenser, bedeutend weiser als ihre Anführer.

12.7.2006

In dem Moment, als dieser Artikel nach Schweden geschickt und veröffentlicht wurde, überfiel Israel den Libanon als Antwort auf die Entführung von zwei israelischen Soldaten durch die Hisbollah.

Israel in der Krise nach dem Fiasko des Krieges

Nach einem Krieg, der nach Ansicht vieler niemals hätte geführt werden dürfen, und der nach seinem Ausbruch als solcher verkannt wurde, wird in Israel jetzt der Ruf nach einer strengen Untersuchung desselben laut. In dieser Situation befindet es Premierminister Ehud Olmert für gut, den Plan eines teilweisen Abzugs aus dem besetzten Westjordanland zu begraben – obwohl das genau der Plan war, mit dem er noch vor wenigen Monaten zur Wahl antrat.

Früher hieß es scherzhaft: »Andere Länder haben eine Armee, Israel aber ist eine Armee mit einem Land.« Das ist vorbei. Der gewöhnliche Israeli empfindet nicht mehr wie früher Stolz und unbegrenztes Vertrauen gegenüber seiner Armee.

»Wir sind der Sünde des Hochmuts erlegen. Wir haben alle das Gefühl eines Fehlschlags«, sagte Brigadegeneral Jossy Hyman in seiner Abschiedsrede vor den Fallschirmjägern, die unter seinem Kommando gestanden hatten.

»Die Sünde des Hochmuts.« Viele Kommentatoren finden dessen Wurzel in der bald vierzig Jahre andauernden Okkupation, die jeden achtzehnjährigen Wehrpflichtigen zum König ohne Land machte, ohne ihn aber die Disziplin zu lehren, ohne die wiederum keine Armee funktionieren kann. Nicht zuletzt hat der »Polizeidienst« der Wehrpflichtigen an Straßensperren und in palästinensischen Dörfern die Armeeführung einer Unzahl lebenswichtiger Gelegenheiten zu Waffentraining und Manövern beraubt.

Aber es gibt noch einen anderen Grund, warum die israelischen Soldaten nicht mehr wie unbesiegbare Supermen dastehen.

»Das israelische Volk ist verwöhnt«, behauptet der israelische Professor Martin Van Creveld, weltweit einer der bekanntesten Militärhistoriker und Berater der NATO in einem

Interview. »Da das israelische Militär immer gegen Schwächere kämpft, rechnen die IDF (Israel Defence Forces) nicht mit Verlusten im Kampf. Aber die israelische Gesellschaft muss begreifen, dass Krieg immer Opfer fordert, und dass es immer Unfälle gibt.«

»Es ist nicht realistisch und ziemlich verabscheuungswürdig, sich einen Krieg vorzustellen, bei dem es nur uns gestattet ist, andere zu töten, während es verboten ist, uns zu töten. Ich sage das als israelischer Patriot«, betont Professor Creveld. »Das ist eine abstoßende Haltung, die wir in diesen Jahren (der Okkupation) entwickelt haben, als wir uns daran gewöhnten, immer der Stärkere zu sein. Wir sind zu einer Gesellschaft geworden, die sich selbst leid tut«, meint der Professor – den man nun wirklich nicht der Linken zurechnen kann.

Es sind jene Familienväter, die bislang ohne zu murren ihren jährlichen Wehrdienst leisteten, die jetzt, nach Kriegsende, den Medien von Nachlässigkeiten und Missgeschicken in der Organisation ihrer Einheiten berichten. Wer kann in der Hitze der Wüste ohne Wasser kämpfen? Wo waren die schusssicheren Westen und andere unentbehrliche Ausrüstungsgegenstände?

Nun beginnen auch die Demonstrationen, auf denen gefordert wird, dass Olmert, sein Verteidigungsminister und der Oberbefehlshaber der Armee zurücktreten. Noch sind die Demonstrationen nicht so groß. Aber 1973, nach dem Jom-Kippur-Krieg, hat ein einzelner Mann, Motti Askenasi, die Regierung zum Rücktritt gezwungen, indem er täglich vor der Kanzlei der damaligen Premierministerin Golda Meir demonstrierte. Die Botschaft an seine Landsleute war einfach: Ihr seid ein freies Volk. Ihr habt das Recht, die Macht zurückzufordern, die ihr der Regierung übertragen habt und die sie missbraucht hat.

Auch dieses Mal sind erste Forderungen nach Neuwahl und Regierungswechsel zu hören. Zu den Protestierenden gehören die Eltern junger Wehrpflichtiger, die im Kampf fielen. Einige von ihnen sind der Meinung, dass die Politiker mit dem Leben ihrer Söhne ein gefährliches Spiel spielten, als sie den Krieg bis an den Fluss Litani fortsetzten. Nach einem kurzen militärischen Einsatz, sagen sie, hätte man stattdessen Verhandlungen wegen der beiden von der Hisbollah entführten israelischen Soldaten aufnehmen und einen Austausch gegen gefangene Libanesen in Israel vorschlagen müssen.

Der Vater eines der Gefallenen wiederholt jeden Abend die Grabrede für seinen Sohn: Ich erzog dich zu bedingungsloser Vaterlandsliebe, aber wenn ich die Korruption sehe, die sich im Land breit macht, muss ich zugeben, dass ich einen Fehler gemacht habe.

Die Überschriften der Leitartikel und die Seiten mit den Kommentaren sind alle einer Meinung: Was taugt die Regierung Olmert? Nicht nur die militärische Führung hat ihren Glanz verloren und wird kritisiert. Auch etwa eine Million ziviler Israelis im Norden des Landes fühlt sich im Stich gelassen. Die Schutzräume waren so gut wie nicht zu gebrauchen. Man hatte keine Vorkehrungen getroffen, um Kinder und alte Menschen an sichere Orte im Süden des Landes zu evakuieren. Es fehlte an jeglicher Organisation, um rasch Hilfe für besonders Bedürftige zu beschaffen.

Das Schlimmste ist, dass alle diese Fehler und Mängel schon vor Jahren von einer dieser zahnlosen Untersuchungskommissionen aufgezeigt wurden, von denen israelische Machthaber so angetan sind – vorausgesetzt, sie können sie kontrollieren und es, wenn gewünscht, bei einem schriftlichen Vermerk bewenden lassen.

Allem Anschein nach wird das dieses Mal nicht so leicht. Vielleicht wird Premierminister Olmert gezwungen, gegen seinen Willen eine staatliche Untersuchungskommission einzusetzen, die vom Vorsitzenden des Höchsten Gerichts geleitet wird, das seine Mitglieder selbst bestimmt und auf allen Ebenen uneingeschränkte Machtbefugnisse besitzt.

26.8.2006

Die Zweite Intifada ist sechs Jahre alt

Die sechs Jahre währende Intifada geht im Verborgenen weiter. Genau wie der *sumud* der Palästinenser selbst – beharrlich, standhaft.

Viele würden die Sache gerne auf diese Weise betrachten, aber tatsächlich ist es lange her, seitdem man den Widerstand der Palästinenser gegen die Besatzung wirklich »Revolte« nennen konnte. Zwar wird immer noch die eine oder andere Rakete vom Gazastreifen aus auf die Stadt Sderot und ihre Umgebung innerhalb Israels abgefeuert. Es gibt im besetzten Westjordanland auch vereinzelt Angriffe auf Autos von israelischen Siedlern, aber das geschieht nur noch selten. Dennoch sterben Männer, Frauen und Kinder fast täglich eines gewaltsamen Todes. Das letzte Wochenende war besonders blutig, da wurden einundzwanzig Palästinenser getötet, darunter Frauen und Kinder. Sie bildeten die Mehrheit im Gazastreifen.

Die israelischen Siedlungen im Gazastreifen wurden zwar im Herbst letzten Jahres geräumt, aber Israel behält seinen Würgegriff um das am dichtesten bevölkerte Gebiet der Erde und seine etwa anderthalb Millionen Palästinenser bei. Die Menschen leben in einem Freiluftgefängnis, dessen Schlüssel Israel hat. Das gilt nicht nur für die Möglichkeiten der Palästinenser, ihre landwirtschaftlichen Produkte zu exportieren, sich einer Ausbildung oder medizinischer Behandlung zu unterziehen, sondern auch für so grundsätzliche Bedarfsartikel wie die Elektrizität.

Als Israel kürzlich das Kraftwerk von Gaza bombardierte, fiel für einen großen Teil der Bevölkerung die Stromversorgung aus.

An alarmierenden Berichten hat es nie gefehlt. In den vergangenen sechs Jahren hat sich das Pro-Kopf-Einkommen um mindestens 50 Prozent verringert, gibt die israelische Organisation »Ärzte für Menschenrechte« an. Sie spricht auch von den Menschen, die dazu verurteilt sind, eines langsamen Todes zu sterben, da es die Behandlung, die sie benötigen, in Gaza nicht gibt, und da ihnen nicht gestattet wird, in Israel oder in Ägypten Hilfe zu suchen.

Der Sondergesandte der Vereinten Nationen für humanitäre Angelegenheiten, Jan Egeland, fasst die Situation in einem Satz zusammen:

»Es gibt keine Hoffnung (in Gaza).«

Gibt es überhaupt Hoffnung auf eine friedliche Lösung des israelisch-palästinensischen Konflikts? Der Psychiater Dr. Eyad Sarraj, Gründer und Leiter einer Ambulanz für psychologische Beratung in Gaza, hat in den vielen Jahren, die ich ihn kenne, für Frieden und Versöhnung gearbeitet. Nun hat auch er die Hoffnung aufgegeben.

»Die vergangenen sechs Jahre waren eine Katastrophe«, sagt er, und seine Stimme bebt vor Zorn. »Das Morden, die Gewalt und die Brutalität, wahllos ausgeübt, sind zur Norm geworden. Das hat die Hoffnung auf einen Frieden zwischen zwei freien und selbstständigen Staaten, Israel und Palästina, zerstört. Nachdem die Hamas im letzten Jahr den Soldaten Gilad Shalit auf israelischem Territorium gekidnappt hatte, sind ungefähr zweihundert Palästinenser umgekommen, etwa die Hälfte bewaffnete Aktivisten, die andere Hälfte Zivilisten – Frauen, Kinder und Alte. Israel behauptet, es ginge dabei nicht um Rache und/oder Abschreckungsaktionen, sondern um Feuergefechte, die entstünden, wenn die Soldaten nach den Tunnels suchen, durch die Waren, Menschen und auch große Mengen an Waffen von Ägypten nach Gaza geschmuggelt werden.«

Doktor Sarraj räumt ein, dass die Menschen auf beiden Seiten Frieden wollen. Persönlich hat er sich immer für Kompromisslösungen eingesetzt. Aber nun meint er, die Leiter des zionistischen Projekts wollten sich so viel Land wie möglich aneignen, und könnten, allen Lippenbekenntnissen zum Trotz, einen palästinensischen Staat nicht tolerieren.

»Ich habe vor der Zweiten Intifada gewarnt« (die im Jahr 2000 begann), sagt er, »aber wenn man die Extremisten auf beiden Seiten weiter gewähren lässt, bekommen wir eine Dritte Intifada, die weit schrecklicher wird, als alles, was wir bisher erlebt haben. Gerüchte wollen von chemischen Waffen wissen. Es ist höchste Zeit, dass die kompromisswillige Mehrheit den Kampf gegen die extremistischen Minderheiten in beiden Völkern aufnimmt.«

Saeb Erekat, der Chefunterhändler der Palästinenser, spricht nicht gern von Gewinnen der Intifada, er weiß, dass sie den Palästinensern vor allem Tod, Not, Trauer und Leid gebracht hat. Aber so etwas zu sagen, ist nicht populär. Hingegen ist er sich mit Dr. Sarraj einig, dass die Mehrheit der Palästinenser, trotz der Erfolge der Hamas, und trotz allen Leids, immer noch eine Zweistaatenlösung will, einen freien palästinensischen Staat, der in guter Nachbarschaft mit einem israelischen Staat lebt.

»Aber«, sagt Erekat, »nach sechs Jahren, in denen Israel nicht nur kämpfende palästinensische Aktivisten tötete, sondern auch annähernd zweitausend Zivilisten, darunter mehr als siebenhundert Minderjährige, und außerdem die Siedlungen im Westjordanland ausgebaut und immer mehr ›Außenposten‹ errichtet hat, verringern sich die Chancen auf Frieden zunehmend. Jetzt muss die Weltgesellschaft, mit den Vereinigten Staaten an der Spitze, eingreifen. Sonst steuern wir auf eine Katastrophe zu, schlimmer als alles bisher dagewesene.«

In derselben Zeit wurden 1221 Israelis von Palästinensern getötet – die Mehrheit davon, 705 Menschen, waren Zivilisten. (469 von ihnen starben in Israel bei Attentaten, 229 in den besetzten Gebieten.) Zu den »sechs verlorenen Jahren« kommen die Kämpfe der Palästinenser untereinander, was die Situation noch explosiver macht.

»Der Frieden verliert täglich an Boden«, sagte Hanna Siniora, eine typische Repräsentantin von Jerusalems gebildeter, gutsituierter palästinensischer Mittelschicht. »Präsident Mahmoud Abbas versucht jetzt eine Regierung zu bilden, die aus Technokraten besteht und in der sowohl Vertreter der Fatah wie der Hamas Platz finden können, ohne ihrer politischen Überzeugung abschwören zu müssen. Gelingt ihm das nicht, wird er Neuwahlen anberaumen«, vermutet Siniora.

Wenn es überhaupt Hoffnung gibt, dann bei den israelischen Friedensaktivisten, die sich entschieden haben, »das Schweigen (zu) brechen«. So heißt eine Fotoausstellung, in der, verbunden mit einer Anzahl Broschüren, die Erlebnisse israelischer Wehrpflichtiger beim Dienst in den besetzten Gebieten gezeigt und beschrieben werden.

Es ist ein erschütterndes Zeugnis der Demütigung, Erniedrigung und rohen Misshandlung unschuldiger Palästinenser. Aber auch Fälle unnötigen Tötens werden gezeigt, wenn zum Beispiel Schüsse auf ein Kind abgeben werden, das mit seinem Spielzeuggewehr herumläuft. Mehrere Soldaten berichteten von der Sitte, jedes Mal ein Kreuz in den Gewehrkolben zu ritzen, wenn sie einen tatsächlichen oder vermeintlichen Feind getötet haben.

Am schwersten zu ertragen fand ich persönlich die Übergriffe auf bereits tote Feinde. Dazu gehört etwas, das man »Anatomiestunde« nannte: Ein bewaffneter Palästinenser wurde bei einem Feuergefecht im Westjordanland in der Gegend von Ramallah getötet. Ein herbeigerufener Armeearzt attestierte den Tod des Palästinensers, dessen Eingeweide herausgequollen waren, nachdem ihn ein wahrer Kugelhagel getroffen hatte. Dann nahm der Arzt sein Skalpell und »schnitt verschiedene Teile des Leichnams auf und gab uns und den begleitenden Sanitätssoldaten eine regelrechte Anatomiestunde. Das dauerte ungefähr eine Viertelstunde«, bezeugt ein Soldat, der dabei war.

Geschichten dieser Art, von jungen Männern, die keinesfalls linkslastige Fanatiker sind, fast gegen ihren Willen berichtet, werden einmal die Okkupation besiegen. Aber bis dies tief ins Bewusstsein des gewöhnlichen Israeli vorgedrungen ist, wird viel Zeit vergehen.

Vielleicht wird es noch Jahre dauern, bis eine entscheidende Mehrheit von Israelis sagt: »Nein, der moralische Verfall dieser Okkupation muss beendet werden, das darf nicht in meinem Namen, nicht im Namen meines Sohnes oder meines Mannes geschehen!« An dem Tag werden sich Israelis und Palästinenser zu Verhandlungen zusammensetzen, um nach Kompromissen zu suchen, mit denen beide Parteien leben können.

22.10.2006

Spiralbewegungen der Gewalt

Es ist außerordentlich befremdlich, das Weihnachtslied von den »Tausend Weihnachtskerzen auf der dunklen Erde« zu hören, wenn man gerade das Dunkel gesehen hat, das einen Vater umgibt, dem nicht gestattet wurde, am Begräbnis seiner vierzehnjährigen Tochter teilzunehmen.

Daha, das Mädchen aus Tulkarm im besetzen Westjordanland, wurde »versehentlich« erschossen, erklärt der Sprecher der israelischen Armee. Ihr Vater, Nasser al-Quadr, sitzt seit zwei Monaten im Gefängnis. Er wird verdächtigt, ein Auto gestohlen und versucht zu haben, illegal nach Israel einzureisen.

Nasser al-Qadr gibt zu, dass er versucht hat, nach Israel zu kommen.

»Worin besteht mein Verbrechen?«, fragt er rhetorisch. »Ich habe versucht, ein paar Schekel zu verdienen, um Essen zu kaufen. Ich selbst kann einen Monat hungern, aber die Kinder brauchen Essen.«

Es war ein klarer Tag, als Daha zusammen mit ihrer zwölf Jahre alten Freundin versuchte, zum Acker der Familie auf der anderen Seite der »Sicherheitsbarriere« zu gelangen. Vielleicht hoffte sie, dort etwas Essbares zu finden und nach Hause zu bringen? Soweit kam es nicht. Stattdessen musste Dahas Mutter ihren Mann anrufen – sie hatte ihn seit Monaten nicht sehen dürfen – um ihn darüber zu unterrichten, dass ihre Tochter erschossen worden war.

»Das Mädchen war 1,20 Meter groß, niemand konnte sie für eine Terroristin halten«, klagt der Vater.

Die Armee stimmt zu und »bedauert«, jedoch nicht so sehr, dass sie ihm erlaubt hätte, am Begräbnis seiner Tochter teilzunehmen. Oder ist man so abgehärtet, dass ein weiteres erschossenes Kind bei so vielen Toten keine Trauer und Wut mehr wecken kann?

Dieses Jahr zu Weihnachten wurden im besetzten Westjordanland während gut einer Woche neun Palästinenser getötet, davon ein Kind. Vier der Opfer wurden liquidiert, soll heißen hingerichtet, ohne Gerichtsverhandlung und Urteil. Zwölf Palästinenser, darunter sieben Kinder und eine Frau, wurden von den israelischen Sicherheitskräften verletzt.

Dreißig palästinensische Gemeinden bekamen von Soldaten »Besuch« – das ist diese Art von Besuch, bei dem häufig die Besitztümer des »Gastgebers« kurz und klein geschlagen oder beschmutzt werden. In der gleichen Zeitspanne wurden dreißig palästinensische Zivilisten festgenommen, darunter ein Kind. Das gibt PCR bekannt, eine zuverlässige palästinensische Menschenrechtsorganisation. Der Gazastreifen ist immer noch – ich wiederhole es – das weltgrößte Freiluftgefängnis und von der Außenwelt abgeschnitten. Die Bewegungsfreiheit der Palästinenser im Westjordanland ist durch mit bewaffneten Soldaten besetzte Straßensperren oder durch Kies- und Steinhaufen stark eingeschränkt. Aber, und das muss hervorgehoben werden: die gewöhnlichen Palästinenser müssen inzwischen nicht nur israelische Soldaten fürchten, sondern auch, und sogar noch mehr, die verschiedenen politischen palästinensischen Milizen. Sowie Gangsterbanden, die in deren Kielwasser unterwegs sind.

Kürzlich wurden in Gaza Stadt mitten am Tag drei kleine palästinensische Schulkinder ermordet, zwei gingen in die zweite Klasse, eins in die erste. Eine Bande maskierter und bewaffneter Männer attackierte mit sechzig Schüssen das Auto, in dem sie saßen. Außer den ermordeten Kindern und dem sie begleitenden Leibwächter wurde der Cousin der Kinder verletzt und vier weitere Personen, die sich zufällig gerade zum falschen Zeitpunkt am falschen Ort aufhielten.

»In diesen Tagen wird nicht nur das Blut der (bewaffneten) Palästinenser vergossen, sondern auch das Unschuldiger«, betont ein sehr bekannter palästinensischer Journalist. Es spielt überhaupt keine Rolle, ob der Vater der Kinder ein bekannter Anhänger der Fatah ist oder nicht. Allein, dass eine Mutter ihre geliebten Kinder beweint, zählt – Osama, Achmad und Salam wurden ihr durch eine sinnlose Gewalttat genommen.

»Was ist aus unserer Gesellschaft geworden, wie tief ist sie gesunken, wenn Eltern ihre Kinder morgens nicht mehr ruhig zur Schule schicken können? Wenn sie jetzt nicht mehr nur davor Angst haben, dass ihr Kind von einer israelischen Panzergranate zerrissen werden könnte? Bewaffnete Zusammenstöße zwischen Fatah- und Hamasanhängern gehören nunmehr zur Tagesordnung. Es geht inzwischen so weit, dass selbst beim Streit um einen Parkplatz scharf geschossen wird.«

Der Seufzer des Journalisten klingt gelinde gesagt resigniert.

Manchmal ist von einer Waffenruhe zwischen den palästinensischen Fraktionen die Rede und von sinnvollen Gesprächen zwischen dem palästinensischen Präsidenten Abu Mazen und Premierminister Ehud Olmert. Das könnte man ja als Licht in dem an sich undurchdringlichen Dunkel ansehen. Aber die allgemeine Erfahrung lehrt, dass es sich hierbei mehr um Wunderkerzen handelt, die aufflammen und in alle Richtungen Funken sprühen. Und ganz schnell verkohlt sind.

27.12.2006

XII

Eine Kerze tief im Dunkeln

Anstreichungen

Ich stehe vor dem Bücherregal und halte ein Buch mit gelbem Umschlag in der Hand. Seit mindestens vierzig Jahren hat dieses Buch im Regal gestanden und Staub angesammelt. Ich weiß noch, dass es mir sehr gut gefiel, aber ich habe seither nicht mehr darin gelesen. Es gibt ja ständig so viele neue Bücher, von denen die Leute meinen, man müsse sie unbedingt gelesen haben. Außerdem ist das hier ein Roman in mehreren Bänden, und wer hat schon Zeit, Band eins bis Band acht zu lesen.

Ich blättere und entdecke an den Rändern Anstreichungen, manchmal sogar mit Tinte. Das darf man doch nicht machen! Und da erst! Ein ganzer Satz, nur schwer zu lesen, aber meine Handschrift war immer schwer zu entziffern. Natürlich, der Schuft war ich selbst. Ich weiß, dass ich mich für diesen Vandalismus schämen müsste. Aber warum eigentlich? Wenn ich mir meine Anstreichungen und Anmerkungen ansehe, halte ich Ausschau nach der vergangenen Cordelia – und der heutigen.

Warum ausgerechnet da ein Ausrufungszeichen und ein Fragezeichen dort?

Einiges erkenne ich wieder. Das gehört ganz offenkundig zu dem Kompost, aus dem die damalige Cordelia Nahrung und Werte und Ansichten aufgenommen hat. Über anderes müsste ich nachdenken. Aber dieses passt gut und gibt unbeabsichtigt Anlass zu der Frage: Wer bist du heute? Woran glaubst du und warum? Genau so wichtig sind vielleicht die Fragen: Von welchen Meinungen und Vorurteilen hast du dich verabschiedet? Und welches sperrige Gerümpel schleppst du immer noch mit?

Ich erinnere mich an die Zeit im Krankenhaus von Söderby bei Stockholm. Es war gleich nach Kriegsende. Schweden hatte Überlebende aus den Konzentrationslagern aufgenommen, fast alle litten an Tuberkulose. Der Hunger nach Nahrung war schnell gestillt, aber der Lesehunger war größer. Zwar war eine kleine Krankenhausbibliothek vorhanden, aber natürlich war der Bestand an Büchern in deutscher Sprache gering, und das war die einzige Sprache, die ich beherrschte.

Aber einige hatten sie. Dostojewski. Mit Unterstreichungen und Randbemerkungen von früheren Lesern. Damals begriff ich, dass dieses in Büchern unterstreichen und in sie hineinkritzeln, was im Allgemeinen als Unart angesehen wird, auch wie eine Art Staffellauf des Geistes aufgefasst werden kann.

11.5.2006

Ein Weg

»Wo ein Wille ist, da ist auch ein Weg.« Redensarten mögen überholt und veraltet klingen, aber manchmal sind sie nützlich. So war es 1988, da hieß der »Weg« »caduc« und führte im israelisch-palästinensischen Konflikt zu neuen Perspektiven. Das kann es trotz allem wieder einmal geben, auch wenn alle Lösungsversuche mit dem Erdrutschsieg der Hamas verschüttet zu sein scheinen für die Fatah, die bisher die Verwaltung in den besetzten Gebieten besorgte beziehungsweise vernachlässigte.

Der Anführer der unbeugsam dogmatischen und fundamentalistischen Hamasbewegung wies alle Appelle, die Waffen ruhen zu lassen und Israel als Verhandlungspartner anzuerkennen, unmittelbar zurück. Nach den Statuten der Hamas muss Israel von der Landkarte radiert werden, denn die Erde vom Mittelmeer bis zum Jordan ist heiliges, arabisches Eigentum, das nach moslemischem/islamischem Gesetz regiert werden muss.

Deshalb gibt es für einen säkularen Staat wie Israel in diesem Gebiet keinen Platz, und alle Gespräche über friedliche Lösungen sind sinnlos.

Die Geschichte scheint sich zu wiederholen. Seinerzeit weigerte sich die israelische Rechte, mit dem »Terroristen«, dem PLO-Anführer Jassir Arafat, zu reden. Das änderte sich auch nicht, nachdem er, spät, aber immerhin, im Jahr 1988 die Resolution 242 des Sicherheitsrats der Vereinten Nationen anerkannt hatte, die eine Zweistaatenlösung vorschreibt: ein freies und selbstständiges Palästina, Seite an Seite mit dem Staat Israel, innerhalb sicherer und anerkannter Grenzen.

Nie im Leben, sagte die damalige israelische Rechte. Ehe wir uns mit der PLO an einen Verhandlungstisch setzen, müssen die ihre Statuten abschaffen, die unser Recht auf Existenz leugnen und verlangen, dass Israel von der Landkarte verschwindet.

Dabei wussten alle Partner doch: Arafat konnte ebenso wenig offiziell das Ende dieser Statuten erklären, wie er von seiner Uniform zum Anzug wechseln konnte. Die Lage schien vollkommen aussichtslos.

Aber dann erinnerte sich der damalige schwedische Außenminister Sten Andersson an die Redensart: »Wo ein Wille ist, da ist auch ein Weg.« Er hatte sehr viel Willen, und die Lösung des israelisch-palästinensischen Konflikts war ihm eine Herzensangelegenheit. 1988, während Arafats Besuch in Stockholm, flüsterte Sten dem Gast das kleine Wort »caduc« ins Ohr. (Er hatte es gerade von irgendeinem Mitglied des diplomatischen Corps' gelernt.)

Als Arafat begriff, dass es bedeutet, etwas ist »überholt« und »null und nichtig«, da leuchtete sein Gesicht auf. Anschließend erklärte er allen, die es hören wollten, dass mit der Anerkennung des Paragrafen 242 die PLO-Statuten »caduc« waren.

Diese Deklaration führte zur Konferenz von Madrid, zur Absprache von Oslo und zum Friedensnobelpreis. Nur der Frieden kam nicht. Jetzt mit der Hamas als Anführerin der Palästinenser dürfte der Wille zu Verhandlungen und Frieden abhanden gekommen sein. Die Geberländer haben erklärt, dass ihre finanzielle Unterstützung der palästinensischen Führung in Höhe von Milliarden Dollar eingefroren werden kann, wenn die Hamas weiterhin als Terrororganisation auftritt, die einen der Mitgliedstaaten der Vereinten Nationen auslöschen will.

Wird die Hamas einmal einsehen, dass Menschen nicht satt werden von feurigem Kampfgeschrei? Dass sie Essen auf dem Tisch haben wollen, Jobs in Entwicklungsprojekten, bessere Krankenversorgung und Ausbildung? Wie wird die Variante der Hamas für »caduc« aussehen, damit ihre Repräsentanten von ihrem hohen Ross herunterklettern?

Februar 2006

Glücksmomente

Ich ruhe auf dem Sofa, als Beleuchtung brennt nur eine Kerze. Bald kommen meine Gäste, und mir bleibt noch eine Weile, die nur mir gehört. Der Blick fällt auf viele Dinge, die mich in vielen Jahren begleitet haben, »in Freud und Leid«, Sachen, die mir gefühlsmäßig etwas bedeuten und an denen Erinnerungen hängen, auf die ich nicht verzichten möchte.

Das Fenster steht offen, draußen ist es schon dunkel. Obwohl ich im Zentrum von Jerusalem wohne, ist es sehr still. Das Wort »Feiertagsvorabend« legt sich wie eine warme, aber leichte Decke über mein Zuhause. Sowohl der jüdische Sabbat wie auch die Feiertage beginnen ja am Vorabend, wenn sich am Himmel die ersten drei Sterne zeigen und die Stadt zur Ruhe kommt, sich vom Streben und Wettstreit der Woche verabschiedet und Atem schöpft.

In diesem Moment empfinde ich ein wehmütiges Glücksgefühl. Wann war ich zuletzt glücklich? Das Glück und ich müssten uns noch ein bisschen besser kennenlernen.

Vielleicht sollte ich mir die Idee einer Freundin zu eigen machen. Sie hat eine Kristallschale, in der sie Kristallkugeln in allen erdenklichen Farben sammelt. Kleine schimmernde Kostbarkeiten vom tiefsten Rot bis zum reinsten Himmelblau.

Jedoch nicht jede Kugel, wie farbintensiv und strahlend sie auch ist, verdient einen Platz in der Kristallschale meiner Freundin. Sie, ein ehrgeiziger und gewissenhafter Mensch, belohnt sich selbst, und einzig zu Gelegenheiten, von denen sie meint, sie seien es wert. Ein gelungener Vortrag in ihrem beruflichen Umfeld, ein Artikel, der Aufmerksamkeit erregt, eine Diskussion oder eine neue Idee, die Erfolg versprechen – so etwas kann mit einer weiteren kristallenen Kostbarkeit belohnt werden.

Wir, ihre Freunde und Kollegen, finden, dass sie die Latte sehr hoch legt. Wenn ich das nächste Mal bei ihr bin, werde ich insgeheim den Inhalt der Kristallschale vermehren.

Was mich persönlich angeht, so will ich zukünftig weit aufmerksamer als früher die kleinen und großen Glücksmomente sammeln, die meinen Weg kreuzen. Allerdings nicht in einer Kristallschale, ich glaube, eine schöne Holzschale ist passender. Und der Inhalt wird keine Belohnung für Dinge sein, die ich geleistet habe, sondern es werden die kleinen und großen Anlässe zur Freude sein, die ich oftmals viel zu wenig wahrgenommen oder rasch vergessen habe. In meiner Schale wird alles Mögliche gesammelt, von den Etiketten eines neuen Weins zu einem angemessenen Preis über ein gutes Rezept oder die Adresse eines Geschäfts, das schwedischen (!) Käse und Pruchetto zum halben Preis verkauft – gemessen an dem, was man in den Delikatessenläden bezahlt, wo Jerusalems nicht-koschere Feinschmecker einkaufen.

Nicht zuletzt sollen sich in meiner Schale Zitate und politische Zeichnungen sammeln, die ich mir zum Trost und zur Freude vornehmen kann, wenn mir »die Lage«, wie man die politische Situation zu nennen pflegt, oder das Leben im Allgemeinen zu unerträglich erscheint. Vielleicht landen nur selten positive oder heitere Kommentare in meiner Schale. Es ist die Freude des Wiedererkennens, die ich bewahren will: Genau. Genau so ist es.

19.10.2006

Hotel Palestine

In Jordaniens Hauptstadt Amman gibt es mehrere gute Hotels, von zweien prangt derselbe Name: Hotel Palestine. In dem einen habe ich selbst gewohnt und fand nichts daran auszusetzen. Aber Gott bewahre mich und alle meine Mitmenschen davor, in dem anderen Hotel Palestine zu landen.

Schon sein Äußeres vermittelt einem ein unbehagliches Gefühl, Furcht. Was auch so gewollt ist, denn dieses Gebäude, ein großer, gesichtsloser Zementklotz, beherbergt den jordanischen Sicherheitsdienst und dessen Folterkammern. Die Opfer sind größtenteils Palästinenser. Etwa 70 % der Bevölkerung Jordaniens sind palästinensischer Herkunft.

Und das Haschimitische Königshaus hat den »Schwarzen September« 1970 keineswegs vergessen, als die PLO unter Führung von Arafat versuchte, König Hussein zu stürzen und die Macht im Land zu ergreifen.

Das Hotel Palestine des Sicherheitsdienstes verdient sich seinen Spitznamen. Während dieses geschrieben wird, kann bald ein neuer »Gast« ankommen – aus Schweden. Hassan Azad ist Palästinenser und Bürger Jordaniens. Der Vater von drei Kindern lebt seit 1996 in Schweden, also über zehn Jahre. Jetzt hat die Ausländerbehörde (Migrationsverket) entschieden, dass Hassan ausgewiesen und nach Jordanien zurückgeschickt werden soll (jedoch nicht seine Frau und die Drillinge, die Bürger Schwedens sind).

Die Entscheidung gründet sich auf die Behauptung der schwedischen Sicherheitspolizei (SÄPO), Hassan stelle »eine Gefahr für die Sicherheit des Landes« dar. Ein Terrorist also, oder eine Person mit Kontakt zu irgendeiner Terrorgruppe. Weder Hassan persönlich noch sein Anwalt haben erfahren können, wann und in welcher Form Hassan sich einer Tätigkeit gewidmet hat, die Schwedens Sicherheit bedroht. Keine Beweise für seine Schuld wurden vorgelegt. Falls es solche gibt, tragen sie den Stempel »Geheim«.

Gegen den Beschluss der Ausweisung wurde bei der Regierung Berufung eingelegt, sie ist in diesem Fall die höchste Instanz. Ehe die Regierung eine Entscheidung trifft, muss sich die Ausländerbehörde dazu äußern, inwieweit »Vollstreckungshinderungsgründe« zu berücksichtigen sind (Kafka hätte seine Freude an dem Bürokratenschwedisch).

Die Ausländerbehörde muss sich also dazu äußern, ob Hassan in Jordanien von Verfolgung, Folter oder Todesstrafe bedroht ist, und deshalb nicht dorthin ausgewiesen werden darf. Diese Frage wurde von Amnesty International, von Human Rights Watch und anderen Menschenrechtsorganisationen bereits beantwortet: Die Organisationen bezeugen, dass der jordanische Sicherheitsdienst bei Verhören regelmäßig Folter anwendet.

Ich weise unter anderem deshalb hier darauf hin, weil ich – ich weiß nicht wie oft – von der Angewohnheit des israelischen Sicherheitsdienstes geschrieben habe, verdächtige Palästinenser ohne Gerichtsverfahren und ohne Verurteilung für Monate und manchmal Jahre in Gewahrsam zu nehmen (»administrative detention«). Den Angeklagten und ihren israelischen Anwälten wird niemals gestattet, die Details der Anklage einzusehen, geschweige denn Zeugen zu vernehmen.

Irgendwelche »rauchenden Revolver« gibt es nicht. Stattdessen vertraut man auf kooperierende Palästinenser, deren Leben in Gefahr geriete, würden sie vor Gericht aussagen. Diese Methode spricht nicht nur Hohn für all das, was Rechtssicherheit heißt. Sie gibt Personen auch eine ausgezeichnete Gelegenheit, sich an (vermeintlichen oder tatsächlichen) Feinden zu rächen.

Man muss einem Sicherheitsmann nur ins Ohr flüstern, dass beispielsweise Khaled einen Terrorakt plant. Dann verschwindet Khaled, der den Denunzianten möglicherweise als Schwiegersohn zurückgewiesen hat, auf unbestimmte Zeit. So etwas geschieht im besetzten Palästina. Und wird, zurecht, von Israels Kritikern scharf verurteilt. In Schweden wäre das natürlich undenkbar, nicht aber, Flüchtlinge genau dieser Prozedur auszuliefern.

1.3.2007

Gottesglaube

Jemand sprach vom Mangel an Geborgenheit und Sicherheit im Dasein. Davon, wie sehr ihn die Zukunft beunruhige, wie viel Sorgen er sich mache, ob die Kinder in dieser immer raueren Welt mit allen ihren Anforderungen zurechtkämen.

»Aber«, fuhr die Radiostimme fort, »eines Tages hatte alle Angst ein Ende. Ich legte mein Leben und das der Meinen in Gottes Hand. Was auch geschehen wird, ich bin sicher, dass wir umfangen sind von Gottes Liebe. Ich brauche mich nicht mehr zu ängstigen und zu beunruhigen.«

Das klang sehr schön und wirklich echt empfunden. Aber ohne Zweifel kann man einwenden, dass dies nicht für uns alle eine Hilfe ist, und wir sind viele, die nicht an Gott glauben. Jedenfalls nicht an einen persönlichen Gott, der aktiv in das Leben des einzelnen Menschen eingreift. Ich persönlich war immer der Meinung, dass ein solcher Glauben vermessen ist, jedenfalls dann, wenn man seinem Gott Allmacht und Liebe zuschreibt.

Warum, frage ich mich, sollte denn ausgerechnet ich den Holocaust überleben? Zwischen den Millionen, die umgebracht wurden, gab es unzählige Kinder, Frauen und Männer, die der Menschheit unendlich mehr Hilfe und Trost hätten spenden können als ausgerechnet ich. Der Junge mit dem roten Ball, dort auf dem schnurgeraden Weg vom Zug zu den Gaskammern von Auschwitz, hätte vielleicht ein Forscher werden und das Rätsel der Krebserkrankung lösen sollen. Oder hat man einen neuen Mozart ermordet?

Ja, ich weiß, es geht um das gute alte Problem der Theodizee, um einen Gottesbegriff, in dem sich nie versiegende Liebe und Allmacht im Einklang befinden. Am Versuch, dieses Rätsel zu lösen, sind größere Geister als ich durch die Jahrhunderte hinweg gescheitert. Es heißt doch auch: »*Kein Spatz fällt zur Erde, ohne dass der himmlische Vater es will.*«

Aber nein, einigen neueren Forschern zufolge, ist das eine falsche Übersetzung. Eigentlich muss es heißen: *Kein Spatz fällt zur Erde, ohne dass unser himmlischer Vater mit ihm fällt.* Dieser Gedanke gefällt mir.

Vielleicht war das nicht so gemeint, aber der zuversichtliche Gottesglaube, den die Radiostimme ausdrückte, klang in meinen heidnischen Ohren viel zu unterwürfig und passiv. Ich musste an einen alten jüdischen Witz voller Weisheit denken. Die Geschichte handelt davon, wie Jankele mit Gott ins Gericht geht. Das ist nicht ungewöhnlich, fromme Juden können sehr wohl ihrem Gott die Leviten lesen.

Jankele fühlt sich im Stich gelassen und ungerecht behandelt. So gut er kann, befolgt er alle Gebote. Er begehrt weder Ehre noch großen Reichtum, alles, worum er bittet, ist das tägliche Brot für seine große Familie.

»Wie ich mich auch abrackere, es reicht nie, um eine Mitgift für meine Töchter zusammenzukratzen«, lamentiert Jankele und bringt auch gleich einen konstruktiven Vorschlag zur Lösung des Problems. »Ich habe dich so oft um den ersten Preis bei der Lotterie gebeten. Aber du hast dich immer taub gestellt«, brummelt Jankele. »Ja, ja ich weiß«, antwortet der Herr. »Aber Jankele, du könntest mir doch wenigstens ein bisschen helfen und ein Los kaufen!«

Gab es nicht einen alten Film mit dem Titel »Gott braucht die Menschen?« Es geht darum, die Schrift richtig auszulegen. Jetzt, wo sich so viele im Namen Gottes umbringen, wird sich Gott für diese Art menschlicher Hilfe vermutlich bedanken. Der Gott, der zusammen mit dem Spatz fällt, wird auch zusammen mit dem ermordet, der in Seinem Namen getötet wird.

29.3.2007

Bibelschule

Sie ist klein und hübsch und wirkt zerbrechlich wie eine Hirtenfigur aus feinstem Meißner Porzellan. Ihr Morgenrock ähnelt Muster und Farbe nach einem japanischen Kimono, ganz anders als die prunklosen, aber praktischen Krankenhauskleider. Und doch verschmilzt sie mit der Umgebung, weshalb niemand Anlass hat, die Augenbrauen zu heben und sie zu verdächtigen, »sich abheben«, sich überheben zu wollen.

Meistens liegt sie auf dem Bett und liest in einem dünnen Buch, nicht größer als eine Ansichtskarte und in schwarzes Rindsleder gebunden. Schließlich kann ich mich nicht länger zurückhalten und frage sie, was für ein Buch das ist. Sie versteht die Frage so, wie sie gemeint ist – als ehrliches Interesse und nicht als aufdringlich. »Ja also das ist das Neue Testament«, erklärt sie.

Sie bekam das Buch geschenkt, als sie noch sehr jung war und einer freikirchlichen Gemeinde im Stockholmer Stadtteil Klara angehörte. Die Kirche gibt es nicht mehr, sie wurde abgerissen oder sie brannte ab, ich kann mich nicht erinnern. Sie zeigt mir die erste Seite, wo steht: »Erinnerung an die Bibelschule 1938«. Ganz unten steht ihr Name in zierlichen Goldbuchstaben. »Das ist natürlich mein Mädchenname«, erklärt sie und fährt fort: »Weißt du, ich glaube an Jesus. Er hat mir in so vielen schweren Stunden geholfen.«

Ach nein, denke ich und bereue schon, dass ich sie nach dem kleinen Buch gefragt habe, jetzt fängt sie an zu missionieren! Aber nein, überhaupt nicht. Sie will nur eine entscheidende Information zu ihrer Person liefern.

Genau wie eine andere hätte sagen können, sie sei Witwe, habe drei Kinder und sei bis zur Pensionierung Lehrerin gewesen. Vielleicht als eine Art Zusammenfassung ihres Glaubens gibt sie mir noch einen weiteren Einblick in ihre Gedanken-

und Gefühlswelt: »Der Mensch«, sagt sie, »ist Geist, Seele und Körper. Aber das wichtigste ist der Geist.«

Danach kehren wir zum Körper zurück. Ich bin erstaunt, dass sie in ihrem Alter – sie ist gut 85 Jahre alt – die fast mikroskopisch kleine Schrift auf dem hauchdünnen Papier lesen kann, auf das die Buchstaben gedruckt sind. Sie benutzt zwar eine Brille, aber die sieht nicht so aus, als seien die Gläser besonders stark. »Ja, ja«, bestätigt sie froh. »Ich kann immer noch sehr gut sehen, die Brille brauche ich lediglich zum Lesen. Nur das Gehör ist nicht mehr so gut.« Mir fällt auch auf, dass ihr die Segnungen der Moderne nicht fremd sind, hier und da hat sie mit einem Textmarker unterstrichen.

Dann wandere ich still zurück zu meinem Bett und stecke mir die Kopfhörer des Walkman in die Ohren. Der Geist von Mozarts Violinkonzert erfüllt meine Seele, und doch glaube ich, dass meine Bettnachbarin und ich das gleiche grenzüberschreitende Erlebnis teilen. Auf verschiedene Weise.

Ich muss an diese geistigen Reinlichkeitsfanatiker denken, die Bibeln in Hotelzimmern verbieten wollen, und an die feige Hotelkette, die deren Erpressungsversuchen nachgeben will. Das Thema wurde in einem Radioprogramm behandelt. Manche Stimmen verurteilten vor allem die Präsenz der »grausamen« Texte des Alten Testaments in Zimmern, die einsame und vielleicht deprimierte Menschen aufsuchen müssen. Der Programmleiter schien dem zuzustimmen.

Ich frage mich, ob diese Menschen jemals die Psalmen gelesen haben. Ich kann mir für eine erschütterte Seele kaum etwas Tröstlicheres vorstellen, dabei stärkend, weil sie sich im Wort des Psalmisten erkennt: Was betrübst du dich, meine Seele, und bist so unruhig in mir? Harre auf Gott, denn ich werde ihm noch danken, dass er meines Angesichts Hilfe und mein Gott ist. (42.6)

10.4.2007

Zwei Städte

Natürlich habe ich das »Venedig des Nordens« immer gemocht, und in den dreißig Jahren, die ich im Ausland gelebt habe, habe ich das Stockholm, das ich verließ, immer vermisst. Die Stadt am Wasser, und dazu an einem in den letzten Jahren so sauberen Wasser, dass Menschen ohne Angst, sich zu vergiften, in der Mittagspause darin schwimmen können.

Wenn ich einmal im Jahr in Schweden Urlaub machte, besuchte ich Stockholm selten. Das Sommerhaus in Österskär war mein ganz persönlicher Lieblingsplatz, den ich nur ungern verließ. Ich glaube, man muss irgendwo ansässig sein, um mit dem »Geist des Ortes« eins zu werden. In all den Jahren in Jerusalem gelang mir diese Vereinigung nie so recht. Nein, ich war von »der heiligen Stadt« nicht enttäuscht. Ich hatte keine »Straßen aus Gold und Perlenpforten« erwartet. Eher schüttelte es mich, wenn ich zum einhundertsiebenundfünfzigsten Mal hören musste, dass jemand Jerusalem als heilig und als »Wiege der drei monotheistischen Religionen« bezeichnete.

Die letzte Behauptung ist außerdem richtiggehend falsch. Das Judentum wurde nicht in Jerusalem geboren. Die Juden wurden viel eher auf ihrer langen Wanderung durch die Wüste nach der Befreiung aus der ägyptischen Knechtschaft zu einem Volk mit einem einzigen unsichtbaren Gott.

(Obwohl – auch da verfiel das Volk einige Male wieder auf die alten heidnischen Riten. Sie erinnern sich bestimmt an die Geschichte vom Tanz um das goldene Kalb und seine Anbetung?)

Jerusalem ist auch nicht die Wiege des Islam. Der Prophet wurde in Mekka geboren. Von dort aus verbreitete sich seine Lehre und weil Mekka Mittelpunkt oder Herz des Islam ist, muss jeder rechtgläubige Moslem einmal im Leben dorthin wallfahren. Jerusalem nimmt jedoch nach Mekka und Medina den dritten Platz bei den heiligen Orten ein, da der Prophet von dort in den Himmel aufstieg. Hätte er sich nicht einen anderen Platz für seine Himmelfahrt auswählen können als den Tempelberg der Juden!

Hier standen der erste und der zweite Tempel, schon damals vollständig vernichtet, aber für fromme Juden stets ein heiliger Ort. Religiöse und nationalistische Fanatiker träumen heute davon, die beiden Moscheen der Moslems auf dem wie sie es nennen »Haram al Sharif« abzureißen, um dort den dritten Tempel zu errichten.

Und der Anspruch der Christen auf Jerusalem als die »Wiege« ihrer Religion? Tja, ihr Religionsstifter wurde freilich nicht in Jerusalem geboren, sondern in Bethlehem, wohin die Familie gezogen war, um sich schätzen zu lassen. Aber die Kreuzigung und die Auferstehung des Jesus von Nazareth geschah in Jerusalem, sagen die Gläubigen. Während der Kreuzzüge wateten die »Befreier« Jerusalems im Blut der Muslime, nachdem sie die Juden geschlachtet hatten, die »Gottesmörder«, als diese sich auf den Weg ins »Heilige Land« machten.

Zu einer solchen Stadt eine intime, persönliche Beziehung aufzubauen, ist schwer. Sie ist allzu beschwert und zerrissen von ihrer Geschichte, welche scheinbar nie zu Geschichte werden kann – auf die gleiche unklare und dunkle Weise wie beispielsweise das »Blutbad von Stockholm«. Zu meiner stillen kleinen Straße in Kungsholmen hatte ich hingegen binnen kurzer Zeit so etwas wie ein vertrauensvolles Verhältnis aufbauen können. Wenn ich an meinem kombinierten Ess- und Schreibtisch sitze, erfreue ich mich an der Aussicht auf die Häuser gegenüber, eines ist rosa, das andere grau mit Meeresmotiven als Relief über der Haustür.

Nachts fallen tröstliche gelbe Lichtstreifen von der Straßenlaterne durch die Ritzen der Jalousie auf mein Bett. Bei der Haustür stehen angekettet mehrere Rollatoren. Im Nachbarhaus ist eine Hundepension. Am Gebell in allen Tonarten höre ich inzwischen, wann es Zeit ist für den Spaziergang.

12.4.2007

60 Jahre Israel. Meine israelische Reise

Im November 1947 stimmte die Mehrheit der Vereinten Nationen dem Teilungsplan für das britische Mandatsgebiet Palästina zu. Nach Abzug der britischen Truppen im Mai 1948 riefen David Ben Gurion und seine Regierung die Geburt des Staates Israel aus. Aber wer war denn dieser neugeborene Staat und was ist er heute, 60 Jahre später? Auf diese Fragen gibt es keine eindeutigen Antworten, zumindest nicht zwischen den Israelis selbst und den Juden in der Diaspora.

Nur zwischen den arabischen Staaten herrschte anfangs ungeteilte Einigkeit: Die Weltgesellschaft habe einen Bastard in die Welt gesetzt, der nichts zwischen seinen nächsten Nachbarn zu suchen habe und schon gleich im Keim erstickt werden müsse, hieß es. Heute haben zwei seiner arabischen Nachbarn den Sechzigjährigen anerkannt und mit ihm Friedensabkommen geschlossen: Ägypten, der größte und wichtigste Vertreter der arabischen Welt, und Jordanien. Informelle Kontakte gibt es außerdem mit einer Reihe anderer arabischer Staaten.

Aber was bedeutet Israel für seine Bürger und was für die Juden in der Diaspora? Was meint »Zionismus«? Und wer ist Jude?

Um diese Fragen auch nur andeutungsweise beantworten zu können, scheint man mehrere Bände gelehrter Abhandlungen schreiben zu müssen – oder man muss, und das ist verbreiteter, von einer ganzen Reihe von Komplikationen und schmerzlichen Gegensätzen abstrahieren, die scheinbar bei jedem Israeli und jedem Juden in der Diaspora in den Genen sitzen. Die Antwort hängt also davon ab, wen man fragt. Deshalb kann ich nur den Versuch unternehmen, eine persönliche Antwort zu geben, die, und das muss ich sofort einräumen, ihre Wurzeln in meinen persönlichen Erfahrungen hat. Allerdings glaube ich, dass nicht wenige meine Erfahrungen und Folgerungen teilen – mehr oder weniger.

Der Abstimmung der Vereinten Nationen zum Trotz hätte der Staat Israel niemals das Licht der Welt erblickt, wenn es nicht zu jener Zeit im damaligen Palästina bereits den »Staat der Juden« gegeben hätte. Damit meine ich den sogenannten »Jischuw«, das jüdische Gemeinwesen mit Schulen, Universität, Gesundheitswesen, Gewerkschaften, einer geheimen Verteidigungsorganisation und nicht zuletzt verschiedenen Parteien, den die jüdischen Einwanderer aufgebaut hatten. Sie kamen hauptsächlich aus Osteuropa, oder: »Wir sind alle aus Minsk« – wie Golda Meir es einmal ausdrückte, selbst Tochter von Eltern, die Sicherheit vor immer wiederkehrenden Pogromen in »der goldene Medine«, den USA, gesucht hatten. Aber sie bekamen Gesellschaft von Juden aus Berlin, aus Wien und Budapest, aus allen Orten, über welche die braune Pest hinwegzog. Damals wurde der einzelne Einwanderer zeitlich und ideologisch anhand der Frage eingeordnet: Kommst du aufgrund einer (zionistischen) Überzeugung oder wegen (nazistischer) Verfolgung? Die Mehrheit, vor allem die deutschen Intellektuellen, mussten Letzteres als Grund für ihre »aliya« – Einwanderung – angeben, was wörtlich übersetzt bedeutet: für ihren »Aufstieg« – zu den Höhen Zions. Sie hatten keinerlei Verlangen, dem Evangelium der Pioniere gemäß »das Land zu bestellen und am besten durch harte körperliche Arbeit (zu dem neuen Juden) geformt zu werden«. Sie hatten das Glück gehabt, im letzten Rettungsboot noch einen Platz zu bekommen, aber sie waren und blieben Europäer mit den deutschen und anderen Klassikern im Bücherschrank und mit Kindern, die »Für Elise« auf dem Klavier klimperten.

Sie lernten nie richtig Hebräisch, aber das galt für die meisten neuen Einwanderer. Eine alte Freundin von mir hörte in den vierziger Jahren im Kibbuz einmal zufällig ein Gespräch zwischen zwei Kindern mit an, die sich gegenseitig aufzogen. »Ha, du weißt ja nicht, was Liebe ist!«, stichelte der eine. »Klar, weiß ich das«, trumpfte der andere auf. »Das ist, wenn die Erwachsenen das Licht ausmachen und auf Deutsch flüstern!« Natürlich – die verlorene Sprache des verlorenen Landes.

Das kenne ich auch.

Als kleines Mädchen in der intellektuellen deutschen Mittelschicht katholisch erzogen und aufgewachsen, wusste ich nichts von den assimilierten jüdischen Ahnen. Aber sie machten mich, gemäß den Rassengesetzen der Nazis, zur Jüdin, so dass ich aus der katholischen Jugendorganisation, der ich angehörte, ausgeschlossen wurde und natürlich kein Mitglied des BDM werden konnte. Aus Cordelia Maria wurde Cordelia Maria Sara, denn alle Juden mussten den Namen Sara beziehungsweise Israel ihren Vornamen zufügen. Als der Erlass des Judensterns kam, der nicht nur an den Kleidern zu befestigen war, sondern auch an jeder Wohnungs- oder Haustür, hinter der ein Jude wohnte, war das Mädchen gezwungen, zu Hause auszuziehen. Kurz darauf musste es die Fahrt nach Theresienstadt und Auschwitz antreten und sich in den letzten Kriegsmonaten den sogenannten Todesmärschen anschließen. Aber, und da liegt der Kern ihres Schicksals, sie begriff nie, warum sie aus einer Gemeinschaft ausgestoßen wurde, in der sie meinte, zu Hause zu sein. Weil sie Jüdin war? Juden – was war das? Sie konnte sich nicht mit ihnen identifizieren – mit den Opfern, nein das konnte sie nicht.

Dieser Hintergrund muss wenigstens angedeutet werden, um zu verstehen, welche Bedeutung der Staat Israel bekam – nicht nur für mich, sondern für Millionen von überlebenden Juden überall auf der Welt, und ebenso für viele Nicht-Juden.

Als das Mädchen Cordelia Maria – Sara konnte sie nun streichen – in den letzten Kriegstagen nach Schweden gerettet wurde, wo sie heranwuchs und als erwachsene Frau eigene Kinder bekam, wurde ihr klar, dass sie sich entscheiden musste. Ihre deutsch-katholische Vergangenheit war für immer verloren.

Es gab auch eine Schuld zu sühnen, meinte sie, die damals

nicht auf der Seite der Opfer gestanden hatte. Das Judentum als Religion war ihr ganz fremd. Aber vielleicht konnte sie das jüdische Volk zu dem ihren machen? Und dann kam ihr eine der schönsten Geschichten der Bibel in den Sinn, die von Ruth, der Moabiterin, von vielen als erste Konvertitin zum Judentum angesehen: Als im Land Juda Hungersnot herrscht, zieht Elimelech mit seiner Frau Noomi und den beiden Söhnen in das Land Moabs. Dort sterben er und seine Söhne, die beide moabitische Frauen geheiratet hatten. Noomi will zu ihrem eigenen Volk zurückkehren, und ihre Schwiegertöchter bieten an, mit ihr zu ziehen. Aber Noomi rät ihnen ab, sie meint, sie sollten bei ihrem Volk bleiben, bestimmt könnten sie wieder heiraten. Orpa hört auf den Rat der Schwiegermutter, aber Ruth weigert sich, die Schwiegermutter zu verlassen. »Wohin du gehst, dahin gehe auch ich, und wo du bleibst, da bleibe auch ich. Dein Volk ist mein Volk, und dein Gott ist mein Gott.« Dein Volk ist mein Volk – das Volk nennt sie zuerst, den Gott gibt es sozusagen mit dazu, denn das Judentum war, der Sitte der Zeit entsprechend, eine Stammesreligion.

Demgemäß konnte ich eine kulturell und politisch engagierte Bürgerin Schwedens werden und gleichzeitig ein Glied in der Kette des jüdischen Volks sein.

Und meine Kinder, die sollten doch schwedische Lieder singen. Ich hatte nicht die Absicht, nach Israel umzuziehen. In Schweden war ich zuhause, in der schwedischen Sprache, der schwedischen Natur, ich teilte die Auffassung der schwedischen Politik von der Gleichheit der Menschen. Schwedische und jüdische Zugehörigkeit lassen sich miteinander vereinen – glaubte ich.

Als der Staat Israel Realität wurde, verspürten in der freien Welt nur wenige Juden das Bedürfnis, das Heimatland, die Sprache und die Kultur zu wechseln. Und doch darf man die Bedeutung des Staates Israel für ihr Selbstgefühl nicht zu gering einschätzen. Denn nun waren die Ziele des Zionismus realisiert und das jüdische Volk ein Volk wie jedes andere geworden, mit eigener Flagge, eigener Fluggesellschaft und mit nationalem Heimatrecht – selbst wenn man nicht daran dachte, letzteres für sich zu nutzen. Vor allem: Das Zeichen der Scham und Erniedrigung wurde in das stolze Symbol der Selbstständigkeit verwandelt. Aus dem Schandfleck, dem gelben Judenstern, wurde der blaue Herzpunkt der israelischen Flagge. Ich werde nie vergessen, wie stolz ich war, als ich im Fernsehen sah, wie sich das deutsche Publikum von seinen Sitzen erhob, als bei einem Besuch des israelischen Symphonieorchesters in Deutschland Israels Nationalhymne gespielt wurde.

Bald zeigte sich auch, dass Israel, der Staat der Juden, als Freistatt für verfolgte jüdische Minoritäten in anderen Ländern gebraucht wurde. Dabei denke ich nicht nur an die arabischen Länder, sondern zum Beispiel auch an Polen. Die Bewohner des kleinen Dorfs Kielce ermordeten kurz nach dem Krieg bei einem Pogrom Juden, die, nachdem sie die Vernichtungslager der Deutschen und den Krieg überlebt hatten, in ihr altes Heimatdorf und zu ihrem Besitz zurückgekehrt waren. Die letzten Juden wurden 1968 aus Polen vertrieben. Nicht wenige davon landeten in Schweden, aber viele entschieden sich für Israel, wo sie nicht aus Gnade, sondern nach geltendem Recht vollgültige Mitbürger werden konnten.

Dabei fällt mir die Geschichte des polnischen Arbeiters ein, der während des Krieges 1967 Nachrichten der BBC hört und seinen Kameraden freudestrahlend berichtet: »Jetzt, Leute, geht es den Russen schlecht!« (Die Sowjetunion war damals noch Polens eigentlicher, verhasster Herrscher.) »Die Israelis machen die Araber, diese Schützlinge der Sowjets, fertig.« Nach einigen Tagen der Begeisterung kommt der Freudenbringer mit düsterer Miene zur Arbeit. »Was ist passiert?«, wollen seine Kumpel wissen, »verlieren die Israelis den Krieg doch?« »Nein«, antwortet er, »es wird immer besser, und sie haben praktisch schon gewonnen. Aber«, seufzt er, »ich habe begriffen, dass die Israelis Juden sind!« Für ihn war das, wie zwischen Pest und Cholera zu wählen. Natürlich wünschte er, dass den Sowjets via Stellvertreter eine empfindliche Niederlage beigebracht wurde – aber doch nicht von den verachteten und verhassten Juden!

Man kann aus geringerem Anlass Zionist werden. Die Frage ist nur, was mit Zionismus gemeint ist. Mir und vielen anderen ist der Zionismus fremd, den die Siedler im besetzten Westjordanland sowie früher auch im Gazastreifen vertreten. Für mich und die Mehrzahl der Juden in Israel und außerhalb des Landes ist Zionismus nichts anderes als das von der Weltgemeinschaft verbriefte Recht des jüdischen Volks auf einen eigenen Staat »mit sicheren und anerkannten Grenzen«, wie es in der UNO-Resolution heißt, die zum Grundstein aller Friedensverhandlungen wurde. Diese Resolution ist bis heute noch nicht richtig umgesetzt: Israel hat noch immer keine anerkannten, und schon gar keine sicheren Grenzen. Die sogenannte »Grüne Linie«, die Israel vom Westjordanland trennt, ist eine nach dem Krieg 1949 festgelegte Waffenstillstandslinie – aber keine Grenze.

Die Okkupation des Westjordanlands und des Gazastreifens nach dem großen Sieg 1967 fungierte von Anfang an als Verhandlungskarte im Spiel »Land gegen Frieden«. Entgegen der Erwartungen wurde dieser Triumph zu einem Pyrrhussieg, nach dem Motto: »Noch so ein Sieg, und ich bin verloren.« Die arabischen Länder wiesen den Gedanken an Verhandlungen, geschweige denn Anerkennung und Frieden mit Israel zurück. Zur gleichen Zeit begannen die nationalreligiösen israelischen Fanatiker Morgenluft zu wittern und setzten einer nach dem anderen im eroberten Westjordanland die Siedlungstätigkeit in Gang. Die Siedlungen im Westjordanland und im Gazastreifen sollten die Entstehung eines zukünftigen palästinensischen

Staates verhindern. Diese messianischen Träumer von einem Groß-Israel erhielten auch mehr oder weniger offen Unterstützung vonseiten einer Reihe israelischer Politiker, die die Siedlungstätigkeit gegeneinander als Keule einsetzten.

Spätestens jetzt ahnten viele der idealistischen zionistischen Visionäre, dass ihr Traum von einem gerechten jüdischen Staat, gedacht als »Licht für die Nationen«, auf dem besten Weg war, sich in einen Alptraum zu verwandeln. Sie mussten einsehen, dass man in dieser Welt nicht leben und überleben kann, ohne schuldig zu werden – in kleinerem oder größerem Maß. Israels erster Premierminister und Vater der Nation, David Ben Gurion, hatte das natürlich immer gewusst. Ihn erstaunte der unerschütterliche Widerstand der Palästinenser gegen den Gedanken an einen »Staat der Juden« nicht. »Was habt ihr denn erwartet? Wir kamen und stahlen ihr Land«, stellte er fest. Aber er verteidigte auch die Pflicht Israels, seine Bürger mit den zu Gebote stehenden Mitteln zu schützen. Denn »die Toten können Gott nicht preisen«, bemerkte er. Diese Worte zielten allerdings nicht auf die politische Situation nach dem Krieg 1967 und auch nicht auf die mit der Zeit immer härtere und nicht selten brutale Art, in der die fanatischen Siedler wehrlose Palästinenser unterdrücken. Das Vorgehen der israelischen Extremisten teilte mittlerweile nicht nur die Stimmung in Israel, es kostete Israel weltweit immer mehr Sympathien. In gewissen Kreisen setzte man Zionist mit Faschist oder sogar mit Nazi gleich. Neben aller berechtigten Kritik machte sich auch wieder der alte unverbesserliche Judenhass breit, diesmal in ein neues »antizionistisches« Gewand gekleidet. Was wiederum Wasser auf die Mühlen der unversöhnlichen Israelis war. Die fertigten alle Kompromisse mit der Feststellung ab, »es sind sowieso alle hinter uns her, weil wir Juden sind, und deshalb spielt es auch keine Rolle, was wir tun.«

Dann kam der Krieg von 1973. Israel stand am Rande einer

Katastrophe. Darzulegen, inwieweit der Krieg unausweichlich war und welche Irrtümer und Fehler gemacht wurden, ist hier nicht der Ort. Aber dass nun Israels Existenz auf dem Spiel stand, verstand nicht nur ich, die zu dieser Zeit als Auslandskorrespondentin für das »Vecko-Journal« berichtete. Zu meinem Entsetzen musste ich allerdings feststellen, dass viele meiner Kollegen bei angesehenen internationalen Zeitungen das nicht so sahen. Das Gerede in Dan Hotels Bar, nach Ausflügen an die Front, ging ungefähr so: »Ja, das schadet diesen arroganten Israelis gar nichts, dass sie mal auf den Boden geholt werden und ausnüchtern und selbst mal eins auf die Schnauze kriegen.«

Diese »Experten« hatten offenkundig nicht begriffen, dass Israel es sich nicht leisten konnte, einen einzigen Krieg zu verlieren. Auf den Ruinen eines besiegten Israel würde kein neues, besseres, kompromissbereiteres Israel aufgebaut werden. Und am wenigsten würden die arabischen Staaten den Bau eines freien, selbstständigen und demokratischen Palästina auf Israels verbrannter Erde erlauben.

Die Israelis wussten das, die Juden in der Diaspora wussten es und ich wusste es. Ich wusste auch, dass ich noch einmal gezwungen war, mich zu entscheiden. Ich wollte nicht vor dem Fernseher zu Hause in Schweden Zeuge eines weiteren Kriegs sein, wann immer er auch kommen mochte, während sich meine Umgebung in fast schon krimineller Naivität, oder aus anderen Gründen, die Hände rieb. Im Herbst 1974 zog ich nach Israel. The rest is history.

Ad mea ve esrim – »Mögest du 120 Jahre alt werden« – das ist die israelische Entsprechung der Worte im schwedischen Geburtstagslied »*Ja, må hon/han leva uti hundrade år*«. Anspruchslos, wie wir sind, begnügen wir uns in Schweden mit hundert Jahren. Hat Israel, das heute sechzig Jahre alt wird, genau die Hälfte seiner Lebenszeit aufgebraucht? Wird das Land im besten Fall die nächsten sechzig Jahre als »Festung Israel«

zubringen, wie es die israelischen Friedensfreunde ausdrücken? Wo sind die Politiker mit Mut und Stärke, die die Friedensträume des israelischen und des palästinensischen Volks verwirklichen können? Das beste Geschenk, das man Israel zum 60. Geburtstag wünschen kann, ist ein israelischer de Gaulle, der aufrichtig mit einem palästinensischen Anführer verhandelt, dessen Kraft und Weisheit einem Nelson Mandela mindestens bis ans Knie reicht. Mir ist schmerzlich bewusst, dass ich selbst diesen Tag nicht erleben werde. Nicht einmal, wenn ich »ad mea ve esrim« lebe.

11.5.2008

XIII

Dank

Dankeschön Ihnen allen meinen treuen Lesern

Heute will ich Ihnen, meinen lieben Lesern, einen Dankesbrief schreiben. Nicht nur wegen der vielen nützlichen Überlegungen, die Sie in mir geweckt haben, wegen all der Ariadnefäden, die Sie mir zum Entwirren und Aufwickeln gegeben haben, sondern auch für die Mühe, die Sie sich gemacht haben, indem Sie sie zu Papier gebracht haben.

Oftmals waren Ihre Mitteilungen für mich Rezepte von unschätzbarem Wert für die Kunst, ein Leben auszuhalten, das nicht selten mehr oder weniger unerträglich war. Nicht zuletzt aus gesundheitlichen Gründen bin ich gezwungen, das Land und die Umgebung zu verlassen, deren politische Heißluft ich oft verflucht, aber auch zu meiner Lebensluft gemacht habe.

Ohne mein Engagement für die Ereignisse und Menschen im Nahen Osten fürchte ich, der einen unverzeihlichen Sünde zu erliegen: der Gleichgültigkeit. Ein grauer Seelenzustand ohne Gefühl, den allein die tanzenden bläulichen Flammen der Angst dann und wann erhellen. Im Nahen Osten und vor allem in Israel, wo ich meinen Alltag verbrachte, obwohl kein Tag wie der andere war, wird die Wirklichkeit so klar.

Brot ist Brot und tot ist tot.

Alle Gefühle werden so stark, nicht zuletzt der Hass, aber auch der Wille zur Veränderung. Unter den vielen bitteren

Feinden der Welt, die um Land und/oder Selbstständigkeit kämpfen, nimmt der Israel-Palästina-Konflikt eine Sonderstellung ein. Nur hier gibt es zum Beispiel eine Gruppe Menschen, die eigentlich Feinde sind, sich aber um ihre gemeinsamen Verluste und ihre Trauer zusammengeschlossen haben.

Gewöhnliche Israelis, die bei einem überraschenden palästinensischen Angriff auf israelische Zivilisten einen Angehörigen, ein Kind, einen Mann verloren haben, und Palästinenser, deren Angehörige bei einem israelischen Angriff getötet wurden, treffen sich, wann und wo sie können, um zu versuchen, gegenseitig ihre Wunden zu heilen. Die Gruppe ist nicht groß, aber es gibt sie. Hier.

Es ist auch nicht leicht, Abschied von einem Zuhause zu nehmen, mit dessen Eigenheiten, und das sind viele, man im Laufe von dreißig Jahren ein funktionierendes Zusammenleben hinbekommen hat.

Und die Dinge, die Dinge! Ja, ich weiß, man soll sich nicht an Irdisches hängen, aber auch die Dinge haben eine Geschichte, manche geradezu eine Seele. Wie meine Servierplatten aus der Serie »Blå eld«, auf denen immer der gebeizte Lachs, das Mitbringsel aus den Ferien in Schweden, angerichtet wurde.

Verzeiht mir, möchte ich den Dingen sagen: Natürlich werde ich euch vermissen, aber ihr habt keinen Platz in meinem streng begrenzten Fluggepäck, das mich zu der kleinen Wohnung begleitet, die ich hoffentlich zu Hause in Stockholm finden werde. Auch wenn ich Ihnen, meinen Lesern, danken will, so hoffe ich doch, dass es kein Abschied wird.

Meine Verbindung zu der hiesigen Umgebung und meine Erinnerungen an sie kann und will ich nicht aufgeben. Um sie in einen vernünftigen Zusammenhang zu bringen, gibt es heute – außer den persönlichen Kontakten, die man hat – viele andere Möglichkeiten, Aktuelles zu analysieren oder zu kommentieren. Und das Gespräch, das ich durch meine persönlichen Kolumnen mit den Lesern geführt habe, will ich ebenfalls nicht abbrechen.

Ich persönlich sehne mich nun vor allem nach dem schwedischen Frühling. Nach der Kühle. Und nach einem Vertrauen ins Leben, trotz allem. So wie ich es einmal vor einigen Jahren vor dem Ferienhaus in Österskär erlebte, als sich eine Kohlmeise vertrauensvoll auf meine Hand setzte und dort Krumen vom Frühstücksbrötchen aufpickte.

23.11.2006

Rede anlässlich der Verleihung des »Kulturpreises« vom Verlag Natur och Kultur

Ich bin froh, stolz und dankbar für diesen Preis. Aber, um einen Ausdruck zu benutzen, den ich von meiner »Bonustochter« gelernt habe, ein bisschen peinlich ist er mir auch.

Ich weiß ja, dass Alters- und Gesundheitsgründe mich in Zukunft daran hindern werden, die Forderungen zu erfüllen, die man zu Recht an den Empfänger dieses Preises stellt. Es gibt so viele bedeutend jüngere Schriftsteller, die den Preis nicht nur verdienten, sondern die sich durch ihn auch angespornt fühlen könnten, dazu beizutragen, dass sich anspruchsvoller Journalismus behauptet.

Lassen Sie mich von einem kürzlich verbrachten normalen Abend berichten. Da packte mich ein Gefühl, das ich zunächst nicht zu identifizieren vermochte, ein Gefühl, das durch meinen inzwischen normalen Gemütszustand von Depression und Angst drang.

Ich lag im Bett und hörte das Radioprogramm P1. Es wurde »Das philosophische Zimmer« gesendet, einige Menschen diskutierten kenntnisreich über den Begriff der »Aufklärung«. Es machte mich, ja tatsächlich: Es machte mich glücklich!

Natürlich war ich nicht mit allem einverstanden. Manches ging über meinen Horizont – schließlich habe ich alles in allem offiziell nicht mehr als vier Jahre Volksschulbildung. Aber die Lücken in meinem Wissen wurden während des Gesprächs zu einer Einladung, selbst weiter zu forschen, mich also im konkreten Sinn »aufklären« zu lassen.

Es war die Art, wie das Gespräch geführt wurde, die mich so glücklich machte. Als Zuhörer wurde mir die ganze Zeit gebührender Respekt erwiesen. Man zog mich ins Gespräch.

Warum ich dieses private Erlebnis hier erwähne? Weil ich mir Sorgen um den Kulturjournalismus mache, der sich im Lande auszubreiten scheint. Schriftsteller bekommen Prominentenstatus, und da sie versichern, sie schrieben für die Menschen und sich zu deren Repräsentanten ernennen, wagt niemand, sie anzugreifen. Zum angeblichen Frommen der Menschen, werden Sprache und Inhalt auf den kleinsten, gewöhnlichen Nenner reduziert.

Welche Anmaßung, und welcher Mangel an Respekt dem Leser, dem Zuhörer gegenüber!

Ich meine, dass jemand, der sich Kulturjournalist nennt, die Aufgabe hat, Schlüssel zu Türen zur Verfügung zu stellen, die sonst für einen großen Teil der Menschen verschlossen blieben, denen er oder sie zu dienen hat. Seine Aufgabe ist es, den Sprachlosen eine Sprache zu geben, mit der sie ihren Gefühlen, ihrer Wut, ihrer Trauer und ihrer Schuld Ausdruck verleihen können. Eine Sprache haben, heißt Macht haben. Macht über sein eigenes Leben, und Macht zu verändern.

Der Auftrag eines Kulturjournalisten kann sein, etwas zu vermitteln, was ihn oder sie gepackt, aufgewühlt hat, oder etwas, was den Journalisten vor neue Fragen gestellt und/oder ihm neue Antworten vermittelt hat. Unterschätzen Sie bitte nie die geistige Fähigkeit des Empfängers! Ob Friseurin, Installateur oder Universitätsprofessor, alle, die zum Beispiel einen tiefen Schmerz oder einen unersetzlichen Verlust wie den eines geliebten Kindes erlebt haben, kann das Gefühl einen, unverstanden zu sein. Oder vielleicht doch nicht ganz.

Aber ich glaube, dass sie sich, über alle sozialen und intellektuellen Grenzen hinweg in T. S. Eliots Worten und der Klage wiederfinden könnten: »I am Lazarus, come from the dead,/ Come back to tell you all, I shall tell you all.« Die direkte Ansprache, gerichtet an das Innerste der Existenz des Empfängers – wagen wir sie?

21.3.2007

Ich bin
ein Haus für alle Winde offen
und schimmernde Staubwirbel bin ich
der Brunnen in der Wüste
und der in den Brunnen Geworfene
das Wasser im vergifteten Fluss
und die Forelle am Haken meines Fischers
die Koralle des Riffs bin ich
(es kostete mich Tausende von Jahren),
und das Findelkind im Schilf.

In einem Gewand ohne Nähte
und einem vielfarbenen Umhang
steh ich am Kreuzweg, am Treffpunkt der Mythen
und warte auf NIEMAND.
Ich war, bin, werde sein
jetzt.

Nachwort und kurzes Interview von Agneta Pleijel

Im Nahost-Konflikt die Balance zu halten, ist nicht einfach. Nur wenigen ist das meiner Meinung nach so gut gelungen wie Cordelia Edvardson. Sie ist durchaus kein »lauwarmer« Mensch, sondern sagt, was sie denkt. Und sucht unablässig nach Gerechtigkeit. Israels Existenzrecht ist ein Grundpfeiler ihrer Überzeugungen. Ein anderer besteht aus den Ungerechtigkeiten, die an den Palästinensern begangen werden.

Sie ist bissig, schlagfertig, logisch und sehr eigensinnig. Sie ist ein Mensch ohne Illusionen, dem es gelungen ist, kein Zyniker zu werden. Ihr Leben lang hat sie gegen starke Angst angekämpft, was sie nie zu verstecken versuchte. Das hat mit Auschwitz zu tun, damit, dass sie eine Überlebende ist, aber nicht nur. Auf ihre Bitte hin, werde ich etwas über ihren Hintergrund schreiben.

Imre Kertész wurde wie Cordelia Edvardson als Jugendlicher nach Auschwitz deportiert. Durch sein Buch *Roman eines Schicksallosen* zwang er den Leser, eine sehr einfache und selbstverständliche Wahrheit zu begreifen. Dennoch übersah man sie lange, auch in der Literatur über den Holocaust. Die Opfer des Holocaust, besonders die jüdischen, nahm man lange nur als Kollektiv wahr.

Aber jeder einzelne, der ins Konzentrationslager gebracht wurde, war ein Individuum, ein Einzelwesen mit seinen Lebenserfahrungen, die in dieses kollektive Prisma einflossen und durch dieses gebrochen wurden. Der vierzehnjährige ungarisch-jüdische Imre vermochte sich anfangs nicht mit »den Juden« zu identifizieren. Die jüdischen Mitgefangenen waren ihm fremd. Er trug an seiner eigenen und für ihn weit schmerzhafteren Last – dem Konflikt mit seinem Vater und dem Zerbrechen der Familie.

Nach seinem Empfinden hatte er kein typisch jüdisches Schicksal. Darauf zielt sicher auch der Titel *Roman eines Schicksallosen*. Dennoch musste er das Schicksal mit den anderen teilen. Woraus er die Erkenntnis ableitete, dass den Menschen im 20. Jahrhundert jegliches Aufgehen in mythologischen Inhalten genommen worden war. Kein Individuum wurde mehr durch »Schicksal« oder »Vorsehung« bestimmt. In der Massenkultur war »der Mensch« eine unbedeutende Einheit. Zwar sonderten Nazismus und Kommunismus nach unterschiedlichen Kriterien aus (Rasse und Ideologie), aber beide zertraten das Individuelle. Aus seinen Reflexionen über die Wertlosigkeit des Menschen in den Totalitarismen des zwanzigsten Jahrhunderts schuf Imre Kertész ein großartiges Werk.

Als das Mädchen Cordelia in die nazistische Vernichtungsmaschinerie geriet, war sie etwa gleichaltrig mit Imre, und sie hatte, wenn dies möglich ist, noch weniger Halt. Ihr kurzer Roman *Gebranntes Kind sucht das Feuer* ist für mich eine der denkwürdigsten Kindheitsschilderungen. Er ist so komprimiert, dass man die Vielschichtigkeit der Probleme leicht übersehen kann.

Der Roman ist keine Beschreibung des Lagerlebens, er zeichnet jedoch den Weg dorthin mit Bildern vom Verstoßenwerden des Mädchens aus der deutschen Gemeinschaft und schildert minutiös ihren Aufenthalt in Theresienstadt und Auschwitz. Im Kern ist er aber eine Geschichte über Schuld – jene Schuld, die dem Opfer aufgebürdet wird. Dem Kind. Das Mädchen hieß damals Cordelia Hoffmann. Sie war ein wohlerzogenes kleines Mädchen aus einer bürgerlichen katholischen Familie, das war alles, was sie von sich wusste.

Eines Tages wurde sie auf für sie unverständliche Weise von all dem getrennt. Die »deutsche« Schule, die sie besuchte, musste sie verlassen. Der Judenstern wurde an ihren Mantel genäht. Sie wurde bei fremden Menschen in Berlin in Pension gegeben,

Menschen, an deren Tür bereits der Judenstern befestigt war. Jederzeit konnte die Gestapo vor der Tür stehen, um sie abzuholen. Die Mathematik der deutschen Rassengesetze hatte dieses Mädchen – als einzige der Familie – zur »Dreivierteljüdin« gemacht.

Um das zu verstehen, muss man etwas über den Familienzusammenhang wissen, den sie im Roman nur streift. Ihre Mutter war die bekannte deutsche Schriftstellerin Elisabeth Langgässer (1899–1950). Nach einer heftigen Liebesaffäre mit einem verheirateten Mann, Hermann Heller, brachte sie 1929 in München ihre Tochter Cordelia zur Welt.

Cordelias Familie bestand aus ihnen beiden, Mutter und Tochter, sowie der verwitweten Großmutter und dem Onkel. Die Mutter zog mit ihrer Tochter nach Berlin, dort würden die Schikanen wegen des unehelichen Kindes geringer sein. »Das Kind braucht einen Vater, war manchmal von den Erwachsenen zu hören«, schreibt sie in *Gebranntes Kind sucht das Feuer*. »Wozu? fragte sich das Kind. Man hätte genauso gut sagen können ›Das Kind braucht einen Elefanten‹. Außerdem wurde das in demselben klagenden Ton gesagt wie ›Das Kind braucht Lebertran. Das Kind braucht Rizinusöl‹.«

Der Vater Hermann Heller (1891–1933), den die Tochter nie kennenlernte, war eine mindestens ebenso interessante Figur wie die Mutter. Er entstammte einer kulturell einflussreichen jüdischen Familie in der Tschechoslowakei und gehörte, wie Franz Kafka, zum deutschsprachigen Teil der Bevölkerung. Heller war ein brillanter junger Staatsrechtler und Rechtsphilosoph. In der Weimarer Republik war er im nicht-marxistischen Flügel der Sozialdemokratischen Partei politisch aktiv.

Er soll originell und streitbar gewesen sein. Er verstarb bereits 1933, aber seine Leistung als Staatswissenschaftler erfuhr noch Jahre später große Beachtung.

Es ist auffällig, wie viele politische Übereinstimmungen es

zwischen Vater und Tochter gibt, obwohl sie sich nie begegnet sind: in politischer Hinsicht die sozialdemokratische Ausrichtung und im Übrigen ihr Blick auf Kultur, auf Minderheitenfragen, auf die Trennung von Staat und Nation – und auf das Gewicht, das sie Gesetzgebung, Ausbildung und Bildung beimessen.

Hermann Heller zielte mit seiner rastlosen und ideenreichen Forschung wie seiner politischen Wirksamkeit darauf, Deutschland vor dem Totalitarismus zu bewahren. Wissen, Wissenschaft und »Volkshochschulheime« sollten die deutsche Arbeiterklasse für eine stabile demokratische Entwicklung gewinnen, zunächst den Grund dafür legen.

Nach der Machtergreifung wurde Elisabeth Langgässer unerwartet als »Halbjüdin« klassifiziert, denn Cordelias Großvater mütterlicherseits entstammte einer jüdischen Familie in Mainz. Dass er seit langem zum Katholizismus konvertiert war, spielte keine Rolle. Langgässer wurde aus der Reichsschrifttumskammer ausgeschlossen. Danach musste sie sich als anonyme Verfasserin von Werbetexten durchschlagen – was sie nicht daran hinderte, ein großes literarisches Werk zu schaffen. 1950 wurde ihr posthum der Georg-Büchner-Preis zugesprochen.

Sie hatte inzwischen den katholischen Philosophen und Wissenschaftler Wilhelm Hoffmann geheiratet, einen Schüler Martin Heideggers, der bei Letzterem seine Doktorarbeit über Augustinus schrieb. Die Ehe konnte Elisabeth Langgässer nicht retten, im Gegenteil war durch sie nun auch ihrem Mann eine akademische Stellung verwehrt. Cordelia bekam drei Halbgeschwister. Die Situation der Familie unter Hitler war alles andere als einfach.

Am schwersten aber traf es das Mädchen Cordelia: Weil Hermann Heller so ehrenhaft war, seine Vaterschaft anzuerkennen und in der Geburtsurkunde als Vater genannt ist, hatte Cordelia den Rassengesetzen zufolge genug jüdische Ahnen, um sie als »Dreivierteljüdin« klassifizieren zu können – und damit zu den Vernichtungslagern zu verdammen.

Wer Victor Klemperers Tagebücher 1933–1945 liest (*Ich will Zeugnis ablegen bis zum letzten*) kann den Hintergrund zu den Details in *Gebranntes Kind sucht das Feuer* hinzufügen. Die Deportation nach Theresienstadt und von dort weiter nach Auschwitz erfolgte 1944, nachdem das Mädchen in einem Krankenhaus in der Iranischen Straße in Berlin interniert gewesen war. Dort musste sie jüdische Kleinkinder füttern. Und zwischen den »halbjüdischen« jungen Menschen leben, die ihren eigenen Transport eine Weile aufschieben konnten, indem sie beim Aufspüren der Berliner Juden halfen.

Nach Auschwitz kam sie auf einem der Todesmärsche durch Deutschland. Als Zwangsarbeiterin war sie in einer Glühlampenfabrik beschäftigt, wo sie ein paar deutsche Mädchen traf, auch sie Zwangsarbeiterinnen – gebrandmarkt als »asoziale Elemente«. Cordelia konnte sie ansprechen und bitten, bei ihrer Rückkehr nach Berlin ihre Mutter aufzusuchen und ihr zu sagen, sie, Cordelia, sei am Leben. Sie sind tatsächlich bei der Mutter erschienen.

Die Liebe zur Mutter hielt das Mädchen am Leben. Das Band zu ihr zu durchtrennen hat sie niemals vermocht. Die Liebe zur Mutter, die Mutter zu brauchen – das ist das glühende Zentrum des Buchs: Gezwungen zu sein, diejenige zu verteidigen, die sie im Stich lässt – oder sterben. Meisterlich bis ins Detail gibt der Roman dieses verworrene Schuldgefühl wieder. Es lässt vielen Gerechtigkeit widerfahren, auch dem Kind, das ins Konzentrationslager Auschwitz kam.

Das im Gleichgewicht zu halten, muss äußerst schwierig gewesen sein. Natürlich schildert der Roman den Holocaust, die Zeit im Konzentrationslager und die Rettung. Aber in einer tieferen Schicht berichtet er von dem Betrug, der Schuld und den Anstrengungen eines Kindes, eigene Zugänge zu einem gerechten Leben zu finden. Aus Cordelia Edvardson hätte eine bittere Anklägerin werden können. Aber sie bemüht sich im Roman – wie in ihrer journalistischen Arbeit – um Gerechtigkeit. Anderen Menschen und sich selbst gerecht zu werden, auch um den hohen Preis der Einsamkeit, wurde für sie wie für Imre Kertész eine moralische Entscheidung auf dem einzuschlagenden Weg. Und ein Zugang zum Beruf des Schriftstellers.

1946 hielt sich Cordelia Edvardson, schwer an Tuberkulose erkrankt, in Schweden auf. Im Roman wird beschrieben, wie das Mädchen um die Erlaubnis bittet, aus der katholischen Gemeinde austreten zu dürfen. Sie will der jüdischen Gemeinde beitreten. Der Priester, der ihr zuhört, versteht sie nicht. »Es handelte sich nicht um religiösen Glauben«, erklärte sie.

»Sie hatte nichts gegen den gekreuzigten Unruhestifter, das Opfer des Kaisers, aber der, von dem der Pfarrer sprach und zu dem er sich bekannte, war der auferstandene Triumphator, der König der Welt. Ihn kannte sie nicht. Wollte sie nicht kennen.« So beschreibt sie, wie der Prozess des Büßens beginnt – für das Kind, das in Auschwitz nicht wusste, wer es war.

Wir sprechen über viel, auch über Buße, als ich Cordelia Edvardson im September 2006 in Jerusalem treffe.

»Na«, meint sie, »Buße ist ein großes Wort.«

»Aber es stimmt«, fährt sie fort, »erst als ich *Gebranntes Kind* geschrieben und hier in Jerusalem 1983 abgeschlossen hatte, konnte ich anfangen, mich mit mir selbst zu versöhnen. Du bist einmal vor langer Zeit ein katholisches deutsches Mädchen gewesen, sagte ich mir. Wie hätte dieses Mädchen in Auschwitz so tun können, als wäre sie etwas, was sie nicht war? Im Konzentrationslager vermochte ich mich nicht mit den jüdischen Mitgefangenen zu identifizieren. Ich identifizierte mich mit den

Henkern. Natürlich nicht mit Mengele und solchen wie ihm, die hasste ich. Aber mit den Deutschen, von denen ich glaubte, zu ihnen zu gehören. Mich damit auszusöhnen dauerte sehr lange. Bis ich feststellen durfte, dass dieses katholische Mädchen, das ich war, in Auschwitz ganz unschuldig war.«

1974 verließ sie Stockholm und ließ sich in Jerusalem nieder. Im Jahr zuvor war sie im Auftrag der Zeitschrift Vecko-Journalen als Beobachterin des Jom-Kippur-Kriegs in Israel gewesen. Damals stand die Existenz des Landes auf dem Spiel. »Eine Katastrophe für Israel wollte ich nicht als Fernsehzuschauerin miterleben. Wenn die Katastrophe eintreffen sollte, wollte ich vor Ort sein. In Auschwitz hatte ich mich nicht mit den Juden identifizieren können, aber in Israel müsste ich eine Zusammengehörigkeit mit dem jüdischen Volk spüren können. Von dem ich dachte, ich hätte es verraten. Ungefähr so habe ich gedacht, glaube ich.«

Dann wurdest du Berichterstatterin für Svenska Dagbladet, hattest du das gewollt?

Unbedingt. Ich bin gern Reporterin. Das kann ich auch am besten: den Menschen nahe sein. Ich mag es, wenn ich beschreiben kann, wie etwas aussieht, wie es riecht und was die Leute sagen. Ich hatte einmal als Volontärin bei dem freikirchlichen Svenska Morgonbladet angefangen. Später kam ich zur sozialdemokratischen Morgon-Tidningen (1955–57). Dort durfte ich auch auf der Kulturseite schreiben, die Erwin Leiser leitete. Danach nahmen mich Åhlén & Åkerlund und Damernas Värld unter Vertrag, also die Bonnierpresse (von 1957 bis zu Anfang der Siebziger).

Hattest du als Reporterin Vorbilder?

Nein. Daran kann ich mich nicht erinnern. Ich habe über das geschrieben, worüber ich meinte schreiben zu müssen. Man muss über die eigene Wahrheit und die der anderen berichten. Man muss darauf achten, wie die anderen die Wahrheit sehen. In Israel lag mir manches am Herzen. Einesteils war das die Unterdrückung der Palästinenser. Andernteils war es mir genauso wichtig, ein Vorurteil gegen die Juden zu bekämpfen, das nach dem Holocaust entstand. Wie können Juden, die im Lauf der Geschichte so viel gelitten haben, ein anderes Volk misshandeln, diese Frage tauchte dauernd auf. Ist denn nicht bekannt, dass Menschen, die Kinder misshandeln, selbst sehr häufig misshandelt wurden, habe ich geantwortet. Es ist ein gigantisches Vorurteil, dass Leiden Menschen »veredelt«. Israel besteht noch immer zu einem großen Teil aus schwer traumatisierten Menschen.

Wie hast du deine Aufgabe als Nachrichtenvermittlerin gesehen?

Der Mensch muss bei jedem Bericht sein Gesicht wahren, seine Würde und Freiheit, so weit das möglich ist ... mit allem Respekt und aller Selbstachtung. Es geht um das Sehen. Nicht unbedingt darum, den anderen zu sehen, wie es so schön heißt, sondern darum, zu sehen und zu berichten, was Sache ist. Millionen Deutsche sahen diese Menschen, die zwischen ihnen gingen und den gelben Judenstern trugen ... oder sahen sie die nicht? Es geht auch darum, »den Weg zu sehen und den Willen zu haben, ihn zu gehen«, wie ich Gunnel Valquist neulich in einem Brief schrieb. Ich erinnerte sie an diese Worte, die ursprünglich von der heiligen Birgitta stammen.

O ja, ich habe ein Ideal: Nadine Gordimer. »The tension between standing apart and being fully involved; that is what makes a writer. That is were we begin.« Das ist schön ausgedrückt, finde ich. Die Spannung zwischen dem Danebenstehen und dem Ganz-engagiert-Sein, macht einen Schriftsteller aus. Auch wenn mir mein Kinderglaube abhanden gekommen ist, rechne ich doch mit dem Guten und dem Bösen als starken Kräften im Leben. Der Reporter darf niemanden demütigen. Aber er darf sich auch nicht demütigen lassen.

Und heute? Woran glaubst du heute?

An nicht sehr viel. Doch, an *tikkun ha olam*. Versuchen, die Welt zu heilen und zu reparieren, das ist wichtig. Es gibt Licht und Dunkelheit. Es gibt These und Antithese. Man muss in der Hoffnung leben, dass am Ende das Licht über die Finsternis siegen wird. Es ist wie bei Händels *Messias*. Ich spielte den fantastischen Jubelgesang vor einigen Jahren im Sommerprogramm und erzählte den Radiohörern, dass die Überlebenden der Konzentrationslager es nach der Befreiung sehr eilig hatten, Kinder in die Welt zu setzen. Aber ich glaube, ich sagte nicht, ich sei eine davon gewesen. Ich beendete das Programm mit »Sometimes I feel like a motherless child / a long way from home«, gesungen von Marian Anderson. Das ist ein Glaubensbekenntnis.

Jerusalem 2006 / Stockholm Mai 2007

Textnachweise

Soweit nicht anders vermerkt, erschienen alle in diesem Buch versammelten Texte am jeweils angegebenen Datum in *Svenska Dagbladet.*

Und der Traum bekam ein Gesicht. Essay, geschrieben 1978 in Jerusalem und Stefi Pedersen in dankbarer Erinnerung gewidmet. Erschienen in: *Vår Lösen* I, 1979.

Der Handschlag vor dem Weißen Haus. Erschienen in: *Vestmanlands Läns Tidning*, 8.11.2001.

Die Urangst und ihre schleimigen Monster. Erschienen in: *Dagens Nyheter*, 31.5.2001.

Das Leugnen des Holocaust. Erschienen in: *Dagens Nyheter*, 1.6.2001.

Wo Kinder schlecht träumen. Erschienen in: *Sydsvenska Dagbladet*, 2.9.2001.

Jerusalem – die geteilte Stadt. Erschienen in: *Sydsvenska Dagbladet*, 19.3.2002.

Einen Staat aus Clans aufbauen. Rede, gehalten im ›Forum för nyfikna‹ (dt. Forum für Neugierige) des Außenministeriums und am 21.3.2007 in überarbeiteter Form in *Svenska Dagbladet* veröffentlicht.

Für Primo Levi. Auf Deutsch erstmals erschienen in: Cordelia Edvardson, *Die Welt zusammenfügen*, aus dem Schwedischen von Jörg Scherzer und Anna-Liese Kornitzky, Carl Hanser Verlag, München 1989, S. 15.

Ich erinnere mich an sie und *Ich bin.* Auf Deutsch erstmals erschienen in: Cordelia Edvardson, *Jerusalems Lächeln,* aus dem Schwedischen von Anna-Liese Kornitzky, Carl Hanser Verlag, München 1993, S. 37 und S. 67.

Die heilige Stadt. Auf Deutsch erstmals erschienen in: Cordelia Edvardson, *Die Welt zusammenfügen*, aus dem Schwedischen von Jörg Scherzer und Anna-Liese Kornitzky, Carl Hanser Verlag, München 1989, S. 75.

dtv

Cordelia Edvardson

Gebranntes Kind sucht das Feuer

Roman
Aus dem Schwedischen von Anna Liese Kornitzky
ISBN 978-3-423-11115-7

»Ein eindringliches literarisches Zeugnis und ein bewegendes Dokument unserer Epoche, ein Stück Trauerarbeit und Versöhnungsarbeit, unmittelbarer und zupackender noch als das Tagebuch der Anne Frank.«
Karlheinz Schauder in der ›Neuen Zürcher Zeitung‹

Um ihre Mutter, die Schriftstellerin Elisabeth Langgässer, zu schützen, lässt sich die vierzehnjährige Cordelia von der Gestapo zu einer folgenschweren Unterschrift erpressen: Erst der Weg durch die Hölle von Auschwitz und vor die Augen des berüchtigten Dr. Mengele führt in die Freiheit.

Für ›Gebranntes Kind sucht das Feuer‹ erhielt Cordelia Edvardson 1986 den Geschwister-Scholl-Preis.

»Dies ist ein schmales Buch, aber es hat Gewicht. Es umfasst kaum 130 Seiten, aber was hier erzählt wird, könnte ganze Bibliotheken füllen und noch etwas mehr. Dies ist auch ein Stück Zeitgeschichte aus Deutschland, das kein Fachhistoriker so subtil kennen dürfte. Es ist schließlich ein intimes Journal, das Familiengeschichten im Dritten Reich aufblättert, die sicher einmalig waren und doch exemplarisch blieben für die Barbarei der Epoche.«
Horst Krüger in ›Die Zeit‹

Aktuelle Themen im dtv

Jim Collins
Der Weg zu den Besten
Die sieben Management-Prinzipien für dauerhaften Unternehmenserfolg
Übers. v. M. Baltes und F. Böhler
ISBN 978-3-423-**34039**-7

Joseph Croitoru
Der Märtyrer als Waffe
Die historischen Wurzeln des Selbstmordattentats
ISBN 978-3-423-**34326**-8

Die demografische Lage der Nation
Wie zukunftsfähig sind Deutschlands Regionen?
Daten, Fakten, Analysen
Von Nienke van Olst und Reiner Klingholz
ISBN 978-3-423-**34296**-4

Die demografische Zukunft von Europa
Wie sich die Regionen verändern
Hg. v. Berlin-Institut für Bevölkerung und Entwicklung
ISBN 978-3-423-**34509**-5

Cordelia Edvardson
Wenn keiner weiterweiß
Berichte von der Grenze
Übers. v. S. Engeler
ISBN 978-3-423-**34574**-3

Adrian Geiges, Marc Goergen, Bettina Sengling
China
Die Geschichte der neuen Weltmacht
Vom ersten Kaiser bis zur Gegenwart
Das Buch zur erfolgreichen Stern-Serie
ISBN 978-3-423-**24741**-2

Robert Greene
Power
Die 48 Gesetze der Macht
Übers. v. H. Schickert und B. Brandau
ISBN 978-3-423-**36248**-1

Die 24 Gesetze der Verführung
Ein Joost-Elffers-Buch
Übers. v. H. Schickert
ISBN 978-3-423-**34081**-6

Patrick Gensing
Angriff von rechts
Die Strategien der Neonazis – und was man dagegen tun kann
ISBN 978-3-423-**34551**-4

Rainer Hermann
Wohin geht die türkische Gesellschaft?
Kulturkampf in der Türkei
ISBN 978-3-423-**24682**-8

Gudrun Krämer
Geschichte des Islam
ISBN 978-3-423-**34467**-8

Bitte besuchen Sie uns im Internet: www.dtv.de

Aktuelle Themen im dtv

Gerd Langguth
Kohl, Schröder, Merkel
Machtmenschen
ISBN 978-3-423-**24731**-3

Mark Leonard
Warum Europa die Zukunft gehört
Übers. v. K. Neff
ISBN 978-3-423-**24526**-5

Was denkt China?
Übers. v. H. Dierlamm
ISBN 978-3-423-**24738**-2

Paul Nolte
Riskante Moderne
Die Deutschen und der neue Kapitalismus
ISBN 978-3-423-**34440**-1

Nikolaus Nützel
Gesundheitspolitik ohne Rezept
Warum Deutschlands Medizinbetrieb so schwer zu kurieren ist
ISBN 978-3-423-**24614**-9

Katrin Rohnstock, Ralf Pasch
Mein Leben im Schatten der Blutrache
Die Geschichte der Gülnaz Beyaz
ISBN 978-3-423-**34480**-7

Kurt Seinitz
Vorsicht China!
Wie das Reich der Mitte unser Leben verändert
ISBN 978-3-423-**34466**-1

Roberto Saviano
Gomorrha
Reise in das Reich der Camorra
Übers. v. F. Hausmann und R. Seuß
ISBN 978-3-423-**34529**-3

Volker Seitz
Afrika wird armregiert oder Wie man Afrika wirklich helfen kann
Mit einem Vorwort von Rupert Neudeck
ISBN 978-3-423-**24735**-1

Daniel Friedrich Sturm
Wohin geht die SPD?
ISBN 978-3-423-**24709**-2

Berndt-Georg Thamm
Der Dschihad in Asien
Die islamistische Gefahr in Russland und China
ISBN 978-3-423-**24652**-1

Frederic Vester
Phänomen Streß
Wo liegt sein Ursprung, warum ist er lebenswichtig, wodurch ist er entartet?
ISBN 978-3-423-**33044**-2

Wolf Wagner
Wie Politik funktioniert
ISBN 978-3-423-**34163**-9